苏州大学文学院学术文库

江苏高校优势学科建设工程项目资助

汉语国际教育与语文教育研究论集

王建军　缪葵慈　陶家骏 / 主编

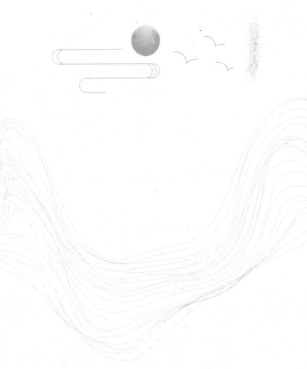

苏州大学出版社
Soochow University Press

图书在版编目(CIP)数据

汉语国际教育与语文教育研究论集 / 王建军,缪葵慈,陶家骏主编. —苏州:苏州大学出版社,2020.9
(苏州大学文学院学术文库)
ISBN 978-7-5672-3170-2

Ⅰ.①汉… Ⅱ.①王… ②缪… ③陶… Ⅲ.①汉语—对外汉语教学—教学研究—文集 ②语文教学—教学研究—文集 Ⅳ.①H19-53

中国版本图书馆 CIP 数据核字(2020)第 106843 号

书　　名	汉语国际教育与语文教育研究论集 HANYU GUOJI JIAOYU YU YUWEN JIAOYU YANJIU LUNJI
主　　编	王建军　缪葵慈　陶家骏
责任编辑	杨　柳
装帧设计	刘　俊
出版发行	苏州大学出版社(Soochow University Press)
社　　址	苏州市十梓街1号　邮编:215006
网　　址	www.sudapress.com
邮　　箱	sdcbs@suda.edu.cn
印　　装	苏州工业园区美柯乐制版印务有限责任公司
邮购热线	0512-67480030　销售热线:0512-67481020
网店地址	https://szdxcbs.tmall.com/(天猫旗舰店)
开　　本	700 mm×1 000 mm　1/16　印张:13.25　字数:191 千
版　　次	2020 年 9 月第 1 版
印　　次	2020 年 9 月第 1 次印刷
书　　号	ISBN 978-7-5672-3170-2
定　　价	60.00 元

凡购本社图书发现印装错误,请与本社联系调换。服务热线:0512-67481020

"苏州大学文学院学术文库"系列丛书
学术委员会

主 任
王 尧　曹 炜

委 员
（按姓氏笔画排序）

马亚中　刘祥安　汤哲声　李 勇
季 进　周生杰　徐国源

总 序

苏州，江左名都，吴中腹地，自古便是"书田勤种播"之地。文人雅士为官教谕之暇，总爱闭户于书斋，以留下自己若干卷丹铅示于时贤后人自娱。这种风雅传统至今依然延续在苏州大学文科院系，自其他大学文学院调至苏州大学文学院执教的前辈学者不免感叹"此地著书立说之风甚浓"了。

苏州大学文学院"中国语言文学"为省优势学科，建设的内容之一是高水平学术著作的出版，"苏州大学文学院学术文库"（以下简称"文库"）便是学科建设的成果。出版文库的宗旨是：通过对有限科研资助经费的合理调配使用，进一步全面地展示与总结文学院教师的学术研究成果，以推进和强化学科建设，特别是促进学院新生学术力量的成长——这些目前尚属于"雏鹰"的新生学术力量便是文学院的未来。

文库的组织运行工作自2019年9月启动，第一批文库书籍在三个月内已先后同苏州大学出版社签订了出版协议。由于经费有限，在张罗文库之初，文库学术委员会明确：学术委员会成员的学术成果暂不列入文库出版阵容；首批出版的学术文库向副教授、青年讲师以及刚入职的青年教师倾斜，教授的学术研究成果往后安排。文库的组织出版应该是一项常态工作，每年视经费情况，均会推出一批著作。为贯彻本丛书出版宗旨，扩大我院学术影响，学院将对本丛书中已出版的各种成果加强宣传，推荐评奖，并对获得重大奖项者予以奖励。

为加强对文库出版工作的组织和领导工作，文库学术委员会设立了初审和复审小组，遴选学术著作。孙宁华、杨旭辉、王建军、吴雨平、王耘和张蕾等参加初审工作，王尧、曹炜、马亚中、汤哲声、刘祥安、季进、徐国源、李勇和周生杰等参加复审工作，袁丽云、陈实、周品等参与了部分具体事务。现在，经学院上下一起努力，文库第一批书籍付梓在即，这无疑是所有参与者心血的结晶。我们希望，借助这个平台，进一步激发文学院教师的科研热情，并为所有研究人员学术成果的及时面世创造条件。

为了文库出版工作的持续顺利运行，为了文学院学术影响力的不断提升，让我们全体同人携起手来！

王尧　曹炜
2020 年 4 月 28 日

目 录

上编　汉语国际教育专题

浅谈中华才艺在汉语教学中的运用策略　　王军宁/003

小数据视野中的汉语国际教育本科专业现状及其症结
　　　　——基于《苏州大学文学院2015届本科毕业生社会需求
　　　　与人才培养质量报告》　　王建军/008

本科留学生汉语教学探索　　周国鹃/016

汉语国际教育本科生培养思考
　　　　——以高等教育内涵式发展为导向　　周国鹃/025

从学位论文看汉语国际教育专业硕士的培养
　　　　——以J省S大学为例　　周国鹃/035

形成性评价在语言教学中的效用研究　　姜　晓/042

课堂"支架"构建对短期语言习得的效用分析　　姜　晓/053

论汉语词汇与构式的综合教学
　　　　——作为二语的汉语词汇教学的新思路　　陶家骏　陆庆和/064

韩国学生连词"而"偏误分析及教学策略　　陶家骏　李彦洁/088
互联网条件下汉语网络教学平台构建策略　　曹晓燕/113

下编　语文教育专题

论高考作文命题的价值取向　　王家伦　张长霖/123
部编本初中语文教材四大系统的显著进步　　王家伦　陈　宇/132
成语的文化价值及其呈现方式
　　——关于中文师范生传统文化教育载体与途径的思考
　　　　王建军/141
小学语文课文中"四大名著"改写选入的反思
　　——兼谈小学语文教材的价值观　陈国安/154
把"作文"说清楚
　　——作文评价的前提　陈国安/161
继承·反思·创造
　　——我最近对教育的一点理解　陈国安/169
论素养取向的语文知识教学　管贤强/180
审美鉴赏与创造：文学教育发展的新动向　管贤强/193

上编

汉语国际教育专题

浅谈中华才艺在汉语教学中的运用策略

王军宁

随着国际汉语教育事业的不断发展,近十年来国家对国际汉语教师的中华文化传播能力的要求更加明确和规范。2012 年,中国国家汉语国际推广领导小组办公室(以下简称"国家汉办",全书通用)制定的《国际汉语教师标准》中明确提出,国际汉语教师应"具备文化阐释和传播的基本能力",特别是"掌握相关中华才艺,并能运用于教学实践"。[1]可见以中华才艺为传播媒介的中华文化传播能力,已经成为与汉语教学能力、跨文化交际能力并重的国际汉语教师的基本职业技能。但相关研究指出,从实际情况来看,当前在海外从事汉语教学工作的教师志愿者普遍感到缺乏中华才艺。[2]因此,如何培养国际汉语教师的中华才艺及文化传播能力,成为一个亟须解决的问题。

目前这方面的研究多停留在理论层面的探讨上,结合教学实践的分析并不多,而且研究多针对汉语国际教育硕士展开,对本科生的中华才艺技能培养模式的探讨比较少见。大部分院校在对汉语国际教育研究生的培养中,将课程教学的重点放在中华才艺的学习上,而针对外国学生进行才艺及文化教学的技巧方法和实践能力的训练却明显不足。中华才艺学习的根本目的是培养国际汉语教师的文化传播能力,

---

[1] 邵滨,邵辉. 新旧《国际汉语教师标准》对比分析 [J]. 云南师范大学学报(对外汉语教学与研究版), 2013 (3): 31 - 36.
[2] 颜湘茹. 汉语国际教育硕士"中华文化与传播"课程研究:以中山大学国际汉语学院为例 [J]. 长沙理工大学学报(社会科学版), 2012 (6): 139 - 143.

是要以中华才艺为传播媒介，对外国人进行中华文化的传播与教学。然而如何在汉语课堂教学中熟练应用中华才艺，使其与语言教学更深入结合，对这方面涉及具体课堂实践和教学技巧的研究更为少见。因此，国际汉语教师能否依据学生实际情况合理地将中华才艺运用到汉语教学实践中，对于最终教学效果有着重要意义。具体策略如下：

第一，抓住文化点，去繁就简，注重可操作性。将中华才艺引入汉语教学课堂，以中华才艺串联起汉语课堂，可以在引起学生兴趣的同时传授汉语知识，同时也能传播中华文化。国际汉语教师应当结合当节课话题，把握住学生感兴趣的文化点（一般是中国文化和外国文化的差异点），进行才艺实践活动。比如在试讲"动物"一课时，不宜安排学生进行舞狮子的文化才艺实践。因为这个才艺难度过大，往往需要专业人士指导，同时缺乏道具，且存在安全隐患，不如安排学生以剪纸或简笔画做一条彩色的龙或一个龙脸面具，这样的才艺实践比较简单易操作，收到的效果也更好。另外，也要根据学生的汉语水平和实践操作能力来安排才艺活动。比如无论是教学生水墨画还是剪纸，都应当去繁就简，不宜教授太复杂的图案或纹样，应选取竹子、兰花、熊猫等简单易画的图案，或教授蝴蝶、"喜"字等简单易操作的剪纸活动。

第二，要注重文化实践内容和教育行为的本土化特点，因时、因地施教。国际汉语教师在开展中华才艺教学的实践过程中应当重视本土化的问题，既要"利用当地的历史地理、语言文化、风俗民情来充实教学"，又要"按照当地的教育理念、教学规律、教学方式、教学传统来施行教学"。[1]教师要根据任教地区的国情、节日风俗、环境气候等设计丰富多彩的才艺活动。比如教师在选择中华才艺实践活动的时间和地点时，要结合当地的节气习俗、利用当地的节日文化环境，让学生在浓厚的节日氛围中体验和感知中国文化。而且国外的汉语课堂中，一般比较重视语言点和文化点的联结，每讲一个语言点往

---

〔1〕王建军. 汉语国际教育师资本土化的基本内涵、培养模式与未来走向［J］. 云南师范大学学报（对外汉语教学与研究版），2015（3）：9.

往需要有一个文化点切入。节日就是其中比较简便的切入点。每个节日都是展现中华文化的大好时机，稳健柔美的太极、潇洒飘逸的书法、美丽吉祥的中国结、栩栩如生的剪纸都能在节日中营造浓郁的中国氛围。教师可依据时间，结合当地的文化环境来设计一系列与节日相关的才艺实践活动：比如母亲节做康乃馨、折纸卡片，表达母爱主题；中秋节吃月饼、剪团花，介绍月饼的文化寓意；感恩节和学生一起用简笔画做火鸡书签或火鸡头饰，感恩亲朋好友；圣诞节和学生一起剪纸、做圣诞贺卡，互送祝福；春节带领学生剪立体"春"字，或学写"福"字，装饰教室等。

另外，可根据任教时当地的环境气候设计相应的才艺活动，开展汉语教学。比如春天在日本樱花盛开的季节，和学生一起用剪纸或简笔画做樱花书签或樱花福袋；夏天在东南亚植被茂盛的国家，和学生一起用折纸或剪纸来做蝴蝶或蝉等立体昆虫；秋天和学生学习森林相关主题，用彩色树叶做剪纸书签；冬天下雪时，和学生一起包饺子或用剪纸做六瓣雪花装饰教室的玻璃。这些才艺活动可以充分抓住学生的兴趣点，使汉语学习的过程变得丰富有趣。

第三，要注意才艺与教学并行，在才艺中演练汉语。中华才艺的展示不是单单为了让学生掌握才艺技能，更要注重才艺与汉语教学的结合，让学生在才艺中感受中国文化，加深学习兴趣，提高汉语水平。因此，在设计中华才艺实践活动时要注意层次递进和学生的接受水平。比如针对初级水平的汉语学习者，为了练习五官以及身体部位的名称，可以设计画熊猫水墨画的活动，这是中国一个具有代表性的图案，学生的接受度也比较高。在教授过程中，教师要注意带动学生练习汉语，可以边演示熊猫的画法边教授学生"头、眼睛、鼻子、脸、胳膊、腿"等单词，并练习"这是……"的句型，然后让学生完成作品、展示作品，互相练习身体部位的单词和相关句型。针对中级水平的汉语学习者，可以用剪"囍"字的才艺实践来学习掌握与"结婚"主题相关的内容。教师可以先展示"囍"字的图样，介绍"囍"字的含义，并教授"新郎、新娘、双喜临门、儿孙满堂"等词汇，接着让学生完成作品、展示作品并讨论，如"你们国家的新郎新娘结婚时用什么装点房间？喜欢穿什么颜色的衣服？"等与结婚相关的话题。而针对高级水平的学生，可以组织更为复杂的竹笛演奏、太极拳等活动，并适当增加实际操作和汉语演练的难度。比如以教授太极拳为例，可以先教授太极拳的相关动作名称，再介绍太极与养生文化，然后分阶段教授太极拳的动作，在动作教授完成后和学生一起讨论他们对太极的感受以及相关的养生文化。这样就可以将才艺实践活动和汉语学习紧密结合起来，相互促进，相得益彰。

  第四，围绕以学生为中心的教学理念，充分利用"互联网＋"模式，促使课程教学效果最大化。教师要积极运用现代多媒体技术和网络资源，形成线上线下相联系的教学模式。首先，教师要充分利用网络上关于中华传统才艺的示范图片和视听资源，通过图片、视频等丰富课堂，增强学生的兴趣。比如茶道、刺绣、评弹等艺术，可以让学生灵活地选择学习时间，学生只需在实践课环节与学校教师当面进行实践练习。以设计茶道文化体验活动为例，教师首先要调查了解学生对中国茶文化的兴趣，然后简单介绍茶道知识，播放一些茶艺表演的视频录像，随后带学生去茶楼亲身体验，让茶艺师一边讲解一边演示茶道程序，最后让学生亲自上阵表演茶艺。在品茶的互动环节，教师还可以引导学生讨论喝茶与养身之间的关系，让学生谈论茶与养生文化的相关话题。理论和实践相结合，更好地调动了学生的学习积极性，达到了学用结合、以用促学的目的。其次，教师要充分利用网络互动平台，以微信公众号为媒介，科学使用微课来进行线下教学，使学生在课上课下都能自由、灵活地学习中华才艺，了解中国文化。虽然目前网络上有很多介绍和教授中华才艺的视听资料，但它们不具有针对性且内容过于陈旧。教师可以建立中华才艺相关的微信公众号，上传自己制作和拍摄的微课视频或授课课件，让学生随时随地都能学习中华才艺，演练汉语，使教学效果达到最优。

  总之，对汉语国际教育专业的学生而言，遵循以上策略来开展中华才艺实践活动，可以帮助他们更快、更好地成为合格的国际汉语教师，辅助他们更好地从事汉语国际推广与对外交流。而对汉语学习者来说，教师采用如上教学实践能有效改善现有的传统文化课程的教学方法，有效避免外国学生接触中华文化的单一模式。如此丰富多样的中华才艺实践活动会极大地提高他们对于学习中国文化的兴趣，而对外汉语教学的目的亦通过中华才艺得到了更良好、更完善的体现。

小数据视野中的汉语国际教育本科专业现状及其症结

——基于《苏州大学文学院2015届本科毕业生社会需求与人才培养质量报告》

王建军

一、引言

"人才培养质量"是衡量高等教育质量与水平的核心指标。大学生作为高等教育最为重要的利益相关者,能否通过高等教育的培养成为符合专业目标和社会需要的合格人才,在很大程度上反映了高等教育的得失、成败。在林林总总的评价体系和考核模型中,"学生视角"始终是考察和评价高校人才培养质量的重要途径之一,理应引起高校管理者和教育者的高度重视。2017年,苏州大学委托北京新锦成数据科技有限公司对全校2015届本科毕业生进行了第三方调查和评估。苏州大学文学院所有专业均在调查与评估之列。应该说,该公司发布的《苏州大学文学院2015届本科毕业生社会需求与人才培养质量报告》(以下简称《报告》)较为客观全面地反映了苏州大学文学院各本科专业毕业生的工作状况和心理状况,其中有关汉语国际教育专业毕业生的数据颇值得分析。

报告中的数据主要覆盖两大板块:一是2015届汉语国际教育本科毕业生对母校人才培养教学质量,如师资队伍、课程资源、实践环节、教学资源服务、科技创新活动及国际(出国/境)交流活动的满意度评价；二是 2015 届汉语国际教育本科毕业生就业质量状况（就业竞争力、就业特色、继续深造及自主创业）。这些数据由于是经第三方调查获取的，具有较强的客观性和较高的可信度，无疑应该成为苏州大学考察本专业人才培养质量的有效参数，无疑应该成为文学院今后修订和调整本专业人才培养模式的可靠依据。当然，这些数据不仅对苏州大学的专业教学与管理团队具有警示意义，对国内其他高校的同类专业应该也有一定的参考价值，因而值得汉语国际教育专业的广大从业者加以关注。

二、《报告》中的相关数据及其说明

文学院中参与此次调研的专业共有 4 个：对外汉语、汉语言文学（基地）、汉语言文学（师范）和汉语言文学。调研主要采用问卷调查的方式。在问卷设计的基础上，新锦成的研究人员开发了在线调研系统，通过在线调研系统向 2015 届本科毕业生发送邮件，邀请毕业生填答问卷，并回收问卷。此外，新锦成还增加了短信、电话等联络途径，邀请毕业生通过邮件或公开链接方式直接填答问卷。

表1 文学院2015届本科毕业生及有效样本分布

专业名称	调查总人数/人	有效邮箱数/个	有效样本数/个	有效样本占本专业毕业生的比例/%	回收率（有效样本/有效邮箱）/%
对外汉语	56	56	39	69.64	69.64
汉语言文学（基地）	43	43	38	88.37	88.37
汉语言文学（师范）	66	65	52	78.79	80.00
汉语言文学	53	53	37	69.81	69.81
合计	218	217	166	76.15	76.50

表2 文学院2015届本科毕业生就业质量相关指标样本分布

单位：人

专业名称	调查人数	薪酬/专业相关度/工作适应度/就业满意度/能力匹配度	占比/%
汉语言文学（师范）	66	37	56.06
汉语言文学	53	26	49.06
汉语言文学（基地）	43	10	23.26
对外汉语	56	24	42.86

（一）就业质量状况

1. 就业率

文学院总就业率为96.39%，比本校2015届本科毕业生就业率（95.04%）高1.35个百分点。毕业去向以"在国内工作"（58.43%）为主，"在国内求学"（31.93%）次之。分专业来看，对外汉语专业的毕业生均实现了充分就业，就业率达到了100.00%；而汉语言文学专业就业率相对较低（91.89%），比本院就业率低4.50个百分点，比本校就业率低3.15个百分点。

2. 就业流向

就业地域方面：以省内就业（80.41%）为主，主要流向了苏州市（57.69%）、常州市（12.82%）和南京市（6.41%）；省外就业的毕业生主要流向了上海市（12.37%）和北京市（2.06%）。

就业行业方面：以"教育业"（50.52%）为主，"文化、体育和娱乐业"（9.28%）和"公共管理、社会保障和社会组织"（9.28%）次之。

就业单位方面：以"中初教育单位"（32.99%）为主，"民营企业"（27.84%）次之，"其他事业单位"（11.34%）再次之。

3. 就业薪酬

毕业一年内薪酬区间主要集中在3 000~4 000元/月（43.30%）；其次是4 000~5 000元/月（18.56%）。毕业一年内，汉语言文学

（基地）专业（4 885.00 元/月）和对外汉语专业（4 658.33 元/月）本科毕业生月均收入相对较高；汉语言文学（师范）专业本科毕业生月均收入相对较低，为 3 736.51 元/月。

4. 专业就业相关度

文学院专业就业相关度为 72.17%，高于本校 2015 届本科毕业生专业就业相关度。从均值来看，目前工作与所学专业的相关度均值为 7.45 分（10 分制），偏向"比较相关"水平。分专业来看，汉语言文学（师范）专业本科毕业生目前的就业岗位与所学专业的相关度相对较高，达到了 97.30%；汉语言文学专业次之，为 65.38%；而对外汉语专业的相关度（45.83%）较低，比本院平均水平低 26.34 个百分点，仅处于"一般"水平（得分为 5.73 分）。不从事相关工作的原因主要为：专业相关工作就业机会少（64.29%）。

5. 工作适应度

文学院为 86.60%，比本校 2015 届本科毕业生工作适应度高 1.63 个百分点。从均值来看，毕业生对目前工作的适应度得分为 7.71 分（10 分制），总体处于"比较适应"水平。分专业来看，汉语言文学专业毕业生的适应度相对较高，达到了 92.31%；而汉语言文学（基地）专业毕业生的适应度（70.00%）相对较低，比本院平均水平低 16.60 个百分点，比本校平均水平低 14.97 个百分点，偏向"比较适应"水平（得分为 7.00 分）。

6. 就业满意度

文学院为 71.13%，比本校 2015 届本科毕业生的就业满意度高 6.09 个百分点。分专业来看，汉语言文学（师范）专业毕业生的总体就业满意度相对较高（83.78%）；而汉语言文学和对外汉语专业的满意度相对较低，分别为 65.38% 和 58.33%。从均值来看，得分均在 6.70 分以上（10 分制），其中汉语言文学（师范）专业（7.97 分）得分相对较高，处于"比较满意"水平；而对外汉语专业（6.77 分）得分相对较低。

7. 能力匹配度

文学院为 71.13%，比本校 2015 届本科毕业生的能力匹配度高

6.41个百分点。从均值来看，毕业生认为自身能力水平与目前工作岗位需求的匹配度均值为7.06分，偏向"大部分匹配"。分专业来看，汉语言文学（师范）专业（89.19%）毕业生能力匹配度相对较高；而汉语言文学（基地）专业（40.00%）毕业生能力匹配度相对较低，比本院平均水平低31.13个百分点，比本校平均水平低24.72个百分点。从均值来看，得分均在6.00分及以上，偏向"大部分匹配"水平。

8. 知识素养匹配度

文学院为51.54%，比本校2015届本科毕业生的知识素养匹配度高7.06个百分点。分专业来看，汉语言文学（师范）专业（83.78%）毕业生知识素养匹配度相对较高，处于"大部分匹配"水平（得分为8.11分）；而对外汉语专业和汉语言文学（基地）专业毕业生的知识素养匹配度相对较低，得分均为5.00分，处于"基本匹配"水平。

（二）继续深造状况

文学院毕业生的国内读研率为31.93%，比本校2015届本科毕业生国内读研率高5.61个百分点，其中汉语言文学（基地）专业、对外汉语专业的国内读研率相对较高，分别为68.42%和28.21%；"对专业感兴趣，深入学习"（47.17%）、"提升综合能力"（24.53%）和"增加择业资本，站在更高的求职点"（20.75%）为毕业生选择读研的三大原因；在一致或相近/相关专业继续深造的比例达100.00%；对升学录取结果的满意度达79.25%。

（三）母校认可度状况

1. 母校人才培养对本院毕业生综合素质提升的贡献度

文学院各专业的贡献度均在80.00%以上，均高于本校平均水平。分专业来看，汉语言文学（师范）专业综合素质提升的贡献度得分均在8.70分以上，均高于本院其他专业相应方面的得分，处于"比较大及以上"水平。而汉语言文学（基地）专业综合素质提升的贡献度得分相对较低，处于 8.00 分以下，其中"能力发展素质"得分（7.37 分）最低，偏向"比较大"水平。

2. 母校人才培养质量满意度

文学院的培养质量满意度为 70.48%，比本校 2015 届本科毕业生母校人才培养质量满意度高 0.61 个百分点。分专业来看，各专业对母校人才培养质量的满意度均在 64.00% 以上，其中汉语言文学（师范）专业（75.00%）和对外汉语专业（71.79%）毕业生对母校人才培养质量的满意度相对较高。从均值来看，得分均在 6.90 分以上，偏向"比较满意"水平。

3. 母校满意度

文学院的母校满意度为 90.36%，比本校 2015 届本科毕业生母校满意度高 4.22 个百分点。分专业来看，各专业对母校的满意度均在 87.00% 以上，其中汉语言文学（师范）专业（92.31%）和汉语言文学专业（91.89%）对母校的满意度相对较高。从均值来看，得分均在 7.90 分以上，处于"比较满意及以上"水平。

4. 母校推荐度

文学院的母校推荐度为 85.54%，比本校 2015 届本科毕业生母校推荐度高 4.26 个百分点。分专业来看，各专业对母校的推荐度均在 81.00% 以上，其中汉语言文学（师范）专业（88.46%）和对外汉语专业（87.18%）对母校的推荐度位居前二。

三、《报告》中的相关数据所反映的问题

（一）专业认同问题

就报告所反映的情况来看，对外汉语专业毕业生尽管实现了充分就业并且薪酬标准居于文学院各专业前列，但所从事的工作与专业的相关度偏低（45.83%），比本院平均水平低 26.34 个百分点，由此导致毕业生的就业满意度相对较低（58.33%）。另外，本专业毕业生知识素养与岗位的匹配度也相对较低，处于"基本匹配"水平。

可以看出，本专业毕业生尽管对本专业的教学质量、师资队伍、课程资源给予了很高的评价，但专业认同度却偏低。上述情况直接影响了毕业生的专业认同感。文学院两个考研率或升学率高的专业恰恰都是专业认同度低的专业。

造成专业认同度低下的原因主要有两个：一是国家政策支持不够，没有在教育行政、人力资源等部门为本专业预留应有的发展空间，导致本专业的外部生存环境恶劣；二是学科性质与地位摇摆不定，经常自乱阵脚。同样一个专业名称，本科阶段隶属于中文专业，硕士阶段划归教育专业，这种做法会给学科带来困扰，给社会造成困惑。

总之，提高学生乃至社会的专业认同度仅仅依靠提高人才培养质量是不够的，必须依靠教育行政部门恰当有力的作为。

（二）培养质量问题

社会的专业认同度决定了家长和学生对待专业的态度。专业认同度的下降必然引起专业满意度的下降，而专业满意度的下降又必然会对家长以及在校学生的专业选择产生负面影响，进而引起生源质量的下降。

多年来，苏州大学文学院一直实行大类招生。新生在一年后进行分流。每年的分流，汉语国际教育专业的生源情况都不太理想。不仅人数偏少，而且质量下滑，甚至每况愈下。数据显示，进入本专业的学生大多属于"被选择型"。

生源质量的下降必然会给人才培养带来严峻的挑战。近年来，苏州大学汉语国际教育专业无论是在培养方案、师资队伍还是教材建设、教学硬件等方面都有了长足的发展，但学生培养质量的提升并不十分明显，这与生源质量的退化不无关系。

（三）生源流失问题

生源流失大致有两种表现：一种是隐性流失。所谓隐性流失，就是学生"身在曹营心在汉"，尽管人在专业内，但心早已放飞。在苏州大学每年毕业生的论文选题中，与汉语研究和汉语教学有关的题目不到三分之一。另一种是显性流失，具体表现在两个方面：一是中途转换到其他专业，二是升学深造时改选其他专业。在考取本专业研究生的学生中，继续从事汉语国际教育的也是寥寥无几。在苏州大学文学院 2019 年开展的保研工作中，汉语国际教育硕士研究生的 11 个推免指标没有用完，只好转让给学科语文专业。

综上，《报告》所反映的我校汉语国际教育专业本科生的状况可谓喜忧参半，其中的问题既体现一定的个性，也反映了诸多的共性，需要相关职能部门和广大从业者加以重视、进行反思并采取对策。

本科留学生汉语教学探索

周国鹃

发展学历教育，提高来华留学生层次是我国教育改革和发展的一个重要目标。江苏是来华留学生大省，前来攻读汉语言专业本科学位的留学生与日俱增。但综观现有的关于汉语作为第二语言习得及对外汉语教学的研究，大多关注的是初中级阶段留学生汉语进修课程的教和学。关于汉语本科教学，特别是高年级的汉语本科教学研究，所见甚少。摆脱旧的汉语培训思维，探索合适的学历制教学模式，有效进行课堂教学管理，突破高年级学生汉语学习瓶颈，提高学生汉语水平，是新形势下我们必须面对的课题。

一、现阶段汉语本科高年级教学存在的问题

关于对外汉语进修和汉语言本科的教学内容，国家汉办在《高等学校外国留学生汉语教学大纲（长期进修）》和《高等学校外国留学生汉语言专业教学大纲》（下面简称《专业教学大纲》）有明确的规定：对外汉语长期进修的课程分为语言技能训练课和语言文化知识课两大类，其中文化知识课明确规定是选修课，也就是说学生在课堂上主要进行的是语言技能的训练。而汉语言本科的教学内容除了汉语言技能的教学外，汉语知识（使学生具备系统完整的汉语言理论知识）、中国人文知识（使学生熟悉中国国情，了解中国社会文化，具备基本的中国人文知识）以及与专业方向有关的知识等，均是学生必须学习的内容。基于此，汉语言本科教材在编写的过程中一般都会

遵循结构、功能、文化相结合的原则，相较于进修教材，课文内容的难度及要求达到的教学目标都有了很大的提高。

在汉语言专业的初中级阶段，学生学习的主要内容是语言技能训练，这跟汉语进修学生的学习内容没有太大的区别。在此阶段，学生对汉语有一种新鲜感，加上生活交际的需要，因此学生的学习积极性相对较高。此外，由于对外汉语教学的历史还很短暂，真正开始繁荣只是近十几年的事，大量来华学生对汉语掌握的程度比较低，因此对外汉语教学的研究大多集中在初中级阶段。应该承认，到目前为止，我们的对外汉语初中级教学研究取得了很多的成果，优质的初中级汉语教材、教学课件及教学视频大量涌现，这使得初中级汉语教学取得了不错的效果。但随着汉语言本科学生的不断增加和学生对汉语掌握程度要求的不断提高，广大教师和学生开始发现，高级阶段的汉语教学似乎出现了"天花板"效应，教学效果不尽如人意。这一方面加大了学生完成学业的难度，另一方面也影响了学生继续深造的积极性，对汉语言专业学历生的招生产生了不利影响。

汉语本科高年级汉语课教学效率低下的原因主要有两点：

一是学生方面的原因。经过初中级阶段的学习，学生的汉语已能满足日常生活和基本的交际需要，不再有继续学习的迫切感，甚至有人产生了高级阶段的汉语学了无用的想法，而且因为有了初中级阶段的基础，在对一些话题进行阐述时，学生常常采用回避策略，寻找简单的确保无误的方式来进行表达；课文新出现的语言点，也再不会像初中级阶段那样让学生有那种遇到新鲜事物的兴奋感，有时反而会让学生觉得冗余，是一种会让他们犯错的危险因素；再有就是现阶段在中国读汉语言本科的学生常常以国别为单位聚集在一起，加上外国学生一般都集中于一个地方授课、住宿，跟中国学生交往的机会不多，因此课堂之外使用的往往还是他们各自的母语，没有机会用汉语进行较为深入的交流，没有需求、没有动力的学习，往往是很难有成效的；还有一点就是不少在中国读汉语言本科的学生，随着学习时间的增加、学习内容难度的加大，对汉语的兴趣会逐渐减少，高级阶段的许多学生最后往往都是冲着课程测试成绩、学分及 HSK 成绩学习的。

为应试而习得的语言知识，往往离运用有很大的距离。而汉语言本科专业的目标是要培养学生熟练运用汉语进行跨文化思考与跨文化交际的能力及在跨文化环境中从事社会调查和社会工作的能力，激发其进一步深造为汉语和汉学研究高层次人才的潜能。

二是教师方面的原因。由于高级阶段汉语言本科教材的课文一般都比较长，且课文内容往往包含比较深刻的文化内涵，因此每课的生词都比较多，单单让学生掌握新的语言点、了解课文内容就要花费不少的时间。可是面对这样的课文，很多老师依旧是初中级汉语教学的思维，注重生词的学习和语法点的操练，忽视对学生的篇章教学。这种教学只会使学生感觉汉语课就学了几个生词，复习了几个早就学过的语法点，对自己汉语水平的提升没有多少帮助。其实对于高级阶段的学生来说，生词完全可以通过查词典自学，教师上课只要重点讲解学生在使用上有问题的几个词语就可以了。对生词和课文内容的了解，应该是学生在预习阶段必须完成的任务，教师在课堂上的作用是解决学生预习时遇到的难题，然后引导学生去探寻课文的文化内涵，进行跨文化的思考和交际。但由于生词和语法点的讲解占用了大量的课堂教学时间，很多教师对课文的处理一般限于用串讲扫除学生的语言障碍，而对课文的篇章结构和文章内容涉及的文化内涵及某些社会热点问题，则只字不提或很快地介绍过去。对此，很多教师也有苦衷，他们往往认为是因为学生不去完成布置的预习作业，才致使他们不得不用课堂时间解决生词问题；也因为学生不事先去准备，才使得每课的交际任务无法完成。

综观上述分析可以看出，本科高年级汉语教学出现的问题主要是因为学生在经过一段时间的汉语学习后，对汉语学习缺乏兴趣。因此，针对高级汉语课上出现的这些问题，探索合适的教学方法、教学模式，激发学生对汉语课的兴趣，提高学生完整表达复杂思想、观点和态度的能力，是从事汉语本科教学研究人员的当务之急。

二、适合高级汉语课程的教学方法

自 20 世纪 20 年代以来,就不断有人探索对外汉语教学的方法。从传统的结构教学法、功能教学法,到结构—功能相结合的教学法、交际教学法,乃至最新型的任务教学法等,汉语作为第二语言的教学形式日趋多样化。然正如赵金铭所言,语言教学需要的不是一种教学理论或一种教学方法,而是一个更大的研究框架,其中多种教学理论并存,多种教学模式共现,各种教学方法各有所用。"需要我们决定的是某种教学模式适合什么教学对象,某种教学方法用在什么层次上,不能把一种具体的、局部的研究领域所取得的教学模式或方法,应用到整个语言教学。"[1]因此,针对汉语言专业学生的培养目标,大纲明确规定:"在教学原则上,理论知识教学既应遵循该学科的知识体系,又应注意学生对语言、文化的可接受性,采用启发式、讨论式教学。"高级阶段的汉语课程更多涉及的是偏理论、文化方面的知识,因此启发式、讨论式的教学方法和模式,才是我们探索的方向。

在高年级如何对学生进行启发式、讨论式教学?笔者认为,任务型教学法和建构主义学习理论指导下的课堂教学模式相结合的教学方法能较好地进行教学。

任务型教学法(task-based approach)是 20 世纪 80 年代在第二语言习得研究的基础上建立起来的一种新的语言教学模式,是交际法的最新发展。对"任务",虽然不同的学者有不同的理解,但有三点大家是一致认同的:(1)任务涉及语言的实际运用;(2)任务具有明确的目的性、开放性和交际性;(3)在任务的完成过程中,相比语言形式,更关注语言意义。[2]也就是说,任务型语言教学强调学生参与学习的过程,强调语言的意义,它跟功能交际法一样强调学生运用语言进行交际的能力,但同时又从更广泛的层面来培养语言综合

---

[1] 赵金铭.对外汉语教学法回视与再认识[J].世界汉语教学,2010(2):246.
[2] 龚亚夫,罗少茜.任务型语言教学[M].北京:人民教育出版社,2006:33-53.

运用能力，让学生从任务中自然习得语言。应该说，任务型教学并不排斥语言形式练习的必要性，而是通过任务将语言各方面的学习与真实的语言使用接轨，学习者能进一步明确语言学习的最终目的是完成生活中的各种任务，解决生活中的各种问题。因此，任务教学可以作为汉语教学的一种活动方式而贯穿于汉语教学的始终。

然任务型教学法通常以任务为教学单位，并不是以课文或结构为基本单位，教学内容相对缺乏系统，很难做到循序渐进；且任务型教学给予学生的任务往往是现实生活中一些比较初级的，如订房间、点菜、打电话、问路、办签证或通过讨论达成一致的决定等。任务型教学法的这些特点注定了任务教学并不非常适合汉语本科，尤其是汉语本科高级阶段的教学，但任务型教学法相较于目前大多采用的功能交际法而言，有它的优势，如让学生在真实的语境中学习，重视语言生成的学习过程和内隐的学习方式等。它对于有较强自学能力和语言表达能力的高年级学生来说，还是有很多可取之处的。

建构主义学习理论（constructivist theory of learning）是瑞士著名心理学家皮亚杰（Piaget）于20世纪60年代最早提出来的，此后在美国得以发扬光大，并于20世纪90年代被引入我国。该理论提出：人的学习过程是通过人本身具有的知识结构与外界环境不断进行相互作用而获得和构建知识的过程。学习者在一定的社会和文化背景下，通过一定的辅助手段（教师、同学、网络等），利用必要的学习材料，通过意义建构的方式而获得知识。学习者在这一学习过程中的主动性表现在三个方面：（1）他们必须主动地探索和发现新知识；（2）在建构的过程中，他们必须去搜集和分析大量的信息；（3）他们必须学会将新旧知识相结合，并学习与他人协作。受此理论影响而形成的比较成熟的教学模式主要有：支架式教学、锚定式教学、随机进入式教学等。

1. 支架式教学

围绕当前的学习主题，按照学生当前的水平，由教师搭建一个便于学生智力提升的支架，然后将学生引入一定的问题情境中，让学生独立探索，并且进行小组协商、讨论。在支架式教学中，教师作为知识的代表引导着教学,使学生掌握和内化那些能使其从事更高认知活动的技能。

2. 锚定式教学

选一个与当前的学习主题密切相关的、有趣的、有感染力的真实事件或真实问题并确定下来(锚定),学习者运用已掌握的知识情境来自主学习、讨论、交流,从而对该知识所反映的事物的本质、规律以及该事物与其他事物之间的联系有深刻的理解。

3. 随机进入式教学

"对同一教学内容,教师可以引导学生通过不同途径、不同方式进入,从而获得对同一事物或同一问题的多方面的认识和理解,并将之广泛而灵活地应用到具体的情境中去。"[1]

从以上介绍可以看出,建构主义教学模式必须在教学环节中包含真实情境和协作学习,并在此基础上由学习者自己最终完成对所学知识的意义建构。在这个教学过程中,任务是语言活动的基础,但相较于任务型教学法,建构主义教学模式更注重学生的自主学习——教师引导任务,然后鼓励学生进行合作,让学生在互动合作中发现、理解复杂的现象和概念,让学习者在小组示范中确定自己的理解程度,联系不同领域的知识,接受同伴的建议和批评。

建构主义教学模式和任务型教学法相结合的教学方法,较好地解决了高级阶段汉语课的诸多问题,如给学生真实的语境和任务,使学生不再觉得汉语课无趣、无意义;任务有明确的交际目的和具体的预期结果,使学生在一定的压力下学习,生词及课文内容的预习和话题交际的准备不再是一个软性的可做可不做的作业;任务还能起到测试的作用,即任务完成与否、有无预期效果,可以用来衡量语言交际能力,使学生时时看到自己的收获和进步,激发他们学习的动力。在这样的课堂上,教师只起到引导作用,知识主要靠学生合作、自主学习获得,较好地落实了《大纲》要求的"启发式、讨论式"教学。

---

[1] 周国鹏. 建构主义学习理论与课堂讨论[J]. 暨南大学华文学院学报,2004(1):18.

三、课堂实践探索

本实践所用教材为北大出版社的《高级汉语口语2》,教学对象为本校汉语言文化专业二年级本科留学生,这些学生至少已学了两年半汉语。

本册教材有12课,课文字数平均为1 800字左右,生词控制在35个左右,以《汉语水平词汇与汉字等级大纲》中的丁级词为主,同时收入了一些用法较多、易于混淆的丙级词以及部分常用的成语。每课的编排适合6至8个学时使用。

以往传统的教学一般这样安排课时:由于课文篇幅较长,加上布置给学生的预习任务完成情况较差,生词及课文讲解一般要3个课时,如果在讲解的过程中再加上一些师生互动则至少要4—5个课时。这样留给练习的时间就不多,为了赶课时,不少教师倾向于要求学生完成诸如改写句子等书面练习。讨论、辩论等口头练习,则成了可有可无的"饭后甜点"。教师做出如此选择,跟学生来源有很大关系。前已述及,现阶段的本科留学生主要来自日韩。日本和朝鲜半岛自古以来受中国文化的影响,注重书面文字表述,要求层次分明、铺陈有序,哪怕说话,也不能信口开河,要有一定的段落。书面的东西是实实在在的,口头的是不扎实的、比较浮躁和表面化的,"说"给他们一种不安定的感觉,似乎一定要把说的东西落实到笔头上才让他们更有成就感。受此思维方式和学习方法影响的学生本来就惧怕口头表达,口语能力薄弱,再加上教师"无奈"的妥协,学生的口语水平难以得到提高,对口语课不感兴趣也就不足为奇了。

为了改变这种教学现状,在教授本册教材时,笔者用任务型教学法和建构主义教学模式相结合的教学方法来进行课堂实践,取得了不错的教学效果。下面以第二课《我想去公司工作》为例加以展示。

本课由三部分组成:第一部分展示的是在招聘会场外陈健和志强的一段对话,主要是关于在公司工作和当公务员、研究人员哪种更好的观点的碰撞;第二部分为招聘方和志强的一段对话;第三部分是记者对志强的一段采访，通过这种方式志强阐述了自己要去公司工作的原因。这三部分其实可以组合到一个任务中，如课本 22 页的练习 4：分组扮演招聘方、应聘方，模拟应聘过程，然后由同学打分，看看谁能获得这份工作。

教学一开始，先用锚定式教学方法锚定学习任务：给学生观看《杜拉拉升职记》第 1 集中杜拉拉去 DB 公司应聘的场景及《深信服科技校园招聘视频》，让学生用自己已有的知识来讨论一下视频内容。这部分的活动由四个学生一组先讨论，然后每组推举一个学生来汇报讨论内容。学生的汇报主要有下面几点：（1）很多人都想去大公司工作；（2）应聘的时候可能会碰到奇怪的问题；（3）去公司工作不好，经常要加班，还有和老板的关系比较复杂；（4）要去新的公司工作，那儿更能发挥自己的才能；（5）要去钱多的公司工作……在讨论汇报的过程中，学生经常出现词不达意的现象。教师这时一边帮助学生，一边把一些重点词语、句式写在黑板上（以课本出现的为主），帮助学生完成表达。然后教师指导学生去课本找寻这些词语和句式，把学生自主学习需要的材料呈现给他们。这部分用时 1 课时。

第 2 节课教师应先简单解释前一节课板书的词语句式，要求学生课后完成课文部分的练习（二）及句式练习，然后布置本课真正的任务，即 22 页的练习 4，并进一步把任务具体化：一个是去学校应聘教务管理职位，一个是去一个规模不大的公司应聘市场营销职位。在布置这两个任务时，教师用支架式教学方法为学生搭建了一个便于提升的支架：教务管理这个职位有什么优缺点？如果招聘方问你为什么来应聘这个职位，问你为什么不想去公司工作等，你如何回答？你觉得怎样的回答会使招聘方对你有好感？市场营销亦是如此，可能招聘方还会问你为什么不去大公司或不去考公务员，你如何回答？这个任务要求学生三个一组分组协作，两个为招聘方，一个为应聘方，课后完成。任务要达到的预期目标：一是争取小组得高分，应聘者获得这份工作；二是课文生词、句式的使用要充分、得当。考虑到日韩学生的特点，完成的任务要求用书面形式呈现给老师，但完成课堂任务时不能看书面的内容。

　　为了让学生有充分的时间准备任务，第3、4课时没有让学生来呈现任务，而是检查讲解课文后的书面练习，并检查学生任务完成的初步情况。在这次课中，有不少同学就任务向老师求助，老师适当提供完成任务的途径，如上互联网查找相关资料、去图书馆查阅某些期刊等。

　　第5、6课时为任务呈现阶段，学生分组完成，其他同学打分。评分标准有以下几项：（1）招聘方问题设置；（2）应聘方回答内容；（3）应聘者语言流利程度；（4）应聘者的语气、语调自然程度；（5）课文词语、句式使用情况。打分按从"很好"到"非常不好"5级记分，最高分5分，每差一级少1分，最差0分。记分累加，最后高分组获胜，并在此基础上评出谁能获得这份工作。

　　第7课时为任务后阶段，教师结合学生课堂任务完成情况及上交的书面报告，奖优纠错，品评学生在本次任务完成过程中获得的进步及存在的问题，并为学生提供解决问题的多条途径以供学生选择、使用。

　　在任务的准备阶段，教师就激发了学生对这个任务的期待：由于本校很多留学生希望毕业后能在中国找到合适的工作，因此设置任务为"假如你毕业后在中国找工作，该怎么用汉语回答招聘方的问题"；老师还进一步指出，如果能用汉语流利回答问题的话，被录用的可能性将非常高，不过，招聘方也会问一些刁钻的问题，就像《杜拉拉升职记》里那样的，借此要求学生要做好充分的准备，这使得学生对这个任务的完成充满了兴趣和期待。为了很好地完成任务，学生按照教师搭建的支架协作、探索，为达到预期目标而自主学习，很好地完成了知识的内化。

（本文原载于《世界教育信息》，2013年第6期，有删改。）

汉语国际教育本科生培养思考
——以高等教育内涵式发展为导向

周国鹃

一、引言

对外汉语本科专业[1]设立于1985年。2012年,教育部将对外汉语、中国语言文化和中国学合并为汉语国际教育专业,沿用原来对外汉语的学科代码。该专业发展迅猛,截至2013年3月,中国大陆内开设对外汉语本科专业的院校达到了410所。这种爆发式增长,一方面受益于政府对海外汉语教学和中华文化传播的重视,另一方面也受到全国高校粗放的外延式发展的影响。

外延式发展以事物的外部因素作为动力和资源,同时表现为事物外部的延伸,在高等教育领域主要表现为学校规模的扩大、招生数量的增加以及教育投资的扩大等。内涵式发展相对于外延式发展而言,以事物的内部因素作为动力和资源,表现为事物内在属性的发展,在高等教育领域追求的是教学结构的优化、教学质量的提升以及教学水平的提高。外延式发展并不一定是内涵式发展的反面,内涵需要外延支撑,但高校粗放的外延式发展确也带来了诸多弊端,加上国际化、全球化的时代背景,我国高等教育逐步从以规模扩张为特征的外延式发展向以质量提升为核心的内涵式发展转变。

《国家中长期教育改革和发展规划纲要(2010—2020)》明确指

---

[1] 专业名称,2012年之前称对外汉语专业,2012年之后更名为汉语国际教育专业。

出:"提高质量是高等教育发展的核心任务,是建设高等教育强国的基本要求。"教育部2012年颁布的新的本科专业目录以及管理规定重点抓学校的教育教学,突出本科教学的基础地位,"以适应当今世界经济发展、科技发展、文化发展的新趋势,适应创新型国家和人力资源强国建设需要,满足社会多层次、多类型、多规格的复合型、应用型、创新型人才需求"。党的十八大报告提出"推动高等教育内涵式发展",十九大报告进一步明确"实现高等教育内涵式发展"。由这些纲领性文件可见,高等教育内涵式发展已经成为国家战略,这一战略也要求汉语国际教育专业在分析当前所面临问题的基础上,以内涵式发展为导向,整体规划,创新改革,培养出国家和时代所需要的合格人才。

二、汉语国际教育专业面临的问题

为了满足对外汉语专业的师资需求,北京语言学院于1983年首先开设了五年制的对外汉语教学本科专业,"专门培养从事汉语作为外语教学的教师"[1]。这在当时和稍后的一段时间内,为我国的对外汉语教学和汉语国际教育事业培养了大批专业人才,在培养汉语师资方面起到了积极的作用。但汉语国际教育作为一个新兴的专业,在学科属性、专业定位还不是很明晰的情况下就汇入了高校扩招的大潮,从而导致专业定位、课程设置、师资结构、教学管理等方面存在着不少问题,直接影响了学生的培养质量。

(一)专业定位与实际需求问题

之所以要设立对外汉语专业,是因为对外汉语教学的特殊性"决定了对外汉语教师必须具备特定的智能结构",而"中国高等学校过去没有开设专门培养对外汉语教师的专业",许多教师"原有的

---

[1] 张和生.对外汉语教师素质与教师培训研究[M].北京:商务印书馆,2006:152.

智能结构不能完全适应对外汉语教学的需要"。[1]从专业定位的角度来看，这是立足于人的工具性要求的，重点强调的是目前需要的人才应该具备什么样的知识和技能，而没有去考虑这个专业本身应该有怎样的哲学基础，应该隶属于哪个大类学科，应该采取什么样的主导培养方法。如1997年7月在北京召开的深化对外汉语教学专业建设座谈会上，与会者认为，这个专业培养的是一种复合型、外向型的人才，既要求具有汉语和外语的知识，又要求有中国文化的底蕴；既要求懂得外事政策和外交礼仪，又要求懂得教育规律和教学技巧。在这里，与会者并没有对其专业内涵做细致的解释，对于开设本专业应该有些什么条件，亦没有做明确的规定。

这种含糊的定位反映在1993版和1998版的对外汉语本科专业介绍中，要求培养出来的学生"有扎实的汉语和英语基础"，其主干学科是中国语言文学和外国语言文学，这其实是将对外汉语专业理解成了中文专业和英语专业的混合体。在高校人才培养对接社会需求理念的影响下，这种培养目标颇受一些学校的喜欢，也在招生中吸引了一批考生，导致最初几年对外汉语专业的录取分数线普遍较高。大家想当然地以为，让中文系的学生有较高的外语水平，将来就业时就会有很大的优势。因此，在对外汉语专业课程体系中，外语课程的重要性与汉语课程相同，有的甚至超过了汉语课程。但事与愿违，这样培养出的学生，往往"论中文不如中文系毕业生，论教育学不如教育学院的毕业生，论外语不如外语学院的毕业生"[2]。

其实在专业定位及培养目标上，当初的一批专家是有比较清醒的认识的。吕必松在专业设立之初就指出，这仍然是一个初步的措施。如果不通过招收硕士和博士研究生来培养一些更高级的人才，恐怕还是不能从根本上解决教师队伍的建设问题。也就是说，对外汉语专业在培养汉语师资上只是权宜之计，将来的对外汉语教师不会都来自本

---

[1] 张和生. 对外汉语教师素质与教师培训研究[M]. 北京：商务印书馆，2006：168–169.
[2] 陆俭明. 汉语国际教育专业的定位问题[J]. 语言教学与研究，2014（2）：11–16.

科毕业生。李晓琪曾提及，从1986年北京语言学院和北京大学开始招收第一届对外汉语专业硕士研究生至2000年左右，北大共培养了研究生49名，其中有16名毕业生留在北大汉语中心任教，约占汉语中心在职教师的1/3。从这可以看出，在有了硕士研究生以后，对外汉语专业的本科毕业生已不再是高校需要的汉语师资。哪怕是海外的汉语教师志愿者，在2007年汉语国际教育硕士专业学位开始招生后，也很少需要对外汉语专业本科毕业生了。

这种专业定位与实际需求之间的矛盾本该及时引起关注，但在各地高校积极扩招的大形势下，一些本来没有条件开设该专业的学校也开始招生，致使就业形势更加严峻，专业信誉进一步走低，严重影响着本专业的可持续发展，如高招分数逐年走低，第一志愿录取率低等，毕业生签约率和就业率低等。这种专业危机在一些实行大类招生的学校表现尤甚。以上海大学为例，2011年实行大类招生后，对外汉语专业的招生人数从2006年的80人降到了2014年的30人，后又降到了2017年的20人。南京大学汉语国际教育专业的教师在学校"三三制"培养模式下，对于本学科的存续以及专业课程在全校的吸引力等问题，也有同样的焦虑。[1]

（二）招生数量与培养质量问题

招生数量的增长往往会带来培养质量的下降，因为随着规模的扩大，生源质量、师资队伍、教学管理等一般很难及时跟上。李春玲曾指出，根据目前汉语国际教育硕士专业学位的考研生和研究生的构成，研究者普遍认为目前汉语国际教育专业师资的汉语言文化基础知识十分薄弱。而从一个小范围的调查可以看出，对外汉语本科专业的学生正逐步成为汉语国际教育专业硕士的主要来源。以苏州大学为例，2015级41名汉硕新生中有27人为汉语国际教育本科毕业生，占66%；2016级37名汉硕新生中有28人为汉语国际教育本科毕业

---

[1] 上述两所大学的情况来自第四届全国高校汉语国际教育本科专业负责人联席会大会发言。

生，占76%；2017级41名汉硕新生中有33位汉语国际教育本科毕业生，占80%。考研的学生往往是班上学习比较好的，连这部分学生都没能较好地掌握最基本的汉语言文化知识，其他诸如复合型、外向型、实践型等最具专业特色的要求，则更是无法达到。这从一个方面反映出汉语国际教育本科教学质量令人担忧。

  培养质量达不到要求，与该专业的课程设置、教材建设、教学方法以及质量监控等亦密切相关。针对培养过程中出现的质量问题，陆俭明等从学科定位的角度，钱玉莲、潘玉华等从课程体系建设的角度，杨泉、王静等从专业实习的调查研究入手，林秀琴、陆俭明等从分析各种弊端入手，对专业建设、课程设置、学生实践等提出了不少有益的建议。但对于教学方法、教学环节的质量监控等，还鲜有涉及。

  教师队伍也是另一个重要原因。汉语国际教育专业在各院校的诸多学院均有开设，有的在专门教授外国留学生汉语的学院，有的在文学院，有的在教育学院……不少教师本身对于汉语作为外语教学没有任何经验，从而导致学生的相关理论知识和实践能力缺乏。在为该专业招聘教师时，各高校普遍重视的是高学历、高学位、海外背景以及科研项目和科研成果，相对忽略教师的责任心、奉献精神和教学能力，如学校会招聘一个在顶尖刊物发表了多篇论文的名校汉语史博士来教对外汉语教学语法。学校重科研、轻教学的考评机制也会促使一些教师在教课上"挂羊头卖狗肉"，虽然课程名称与对外汉语教学有关，但实际教授的内容则是自己的研究。还有的如对外汉语语音教学，有的教师则主要讲方言音韵。

三、汉语国际教育人才培养思考

  在高等教育内涵式发展导向下，2012版汉语国际教育专业介绍明确了培养目标是有"扎实的汉语基础，具有较高的人文素养，具备中国文学、中国文化、跨文化交际等方面的专业知识和能力"，其主干学科是中国语言文学。在核心课程中不再将英语作为典型代表，而是各外语语种皆可。这个变化体现了对人的素质发展的重视,是高等教育内在发展的追求。因为汉语国际教育,其核心应该是汉语,汉语知识、中国文化以及文学知识应该是专业的根本,是本专业毕业生应该具备的基本知识和素养,在此基础上进行跨文化交际能力、对外汉语教学能力的培养,才可体现人的成长规律。因为能力的形成和发展不同于知识的获取,是需要在实践过程中通过不断的自我学习和反思才能获得的。只有在本科阶段让学生打好扎实的知识基础,培养学生具备良好的思维习惯和基础的科研能力,才能使其在将来的学习和工作中有进一步的发展。因此,汉语国际教育本科人才的培养,应从以下三个方面着手。

(一)汉语为本,兼顾实践

对外汉语专业应该培养国际化复合型、应用型人才,这是大家的共识,但何谓复合型,其内涵在近几十年的学术讨论中并不完全一致,其中最主要的争论在于中文和外文的比重问题。如,何寅就主张中外文并重,在1993版和1998版的对外汉语专业培养目标中也是汉语和英语并重,主干学科为中国语言文学和外国语言文学。对此,潘文国、赵金铭、陆俭明等均表示反对,认为汉语言知识和文化才是培养核心。

2012版汉语国际教育专业介绍将1998版培养目标中的"有扎实的汉语和英语基础"调整为"有扎实的汉语基础",不再要求"熟练地掌握英语"。这种调整,是学界对本专业认识不断深化的表现。无论是之前的对外汉语专业还是现在的汉语国际教育专业,均为中国语言文学类的二级学科,授予的是文学学士学位。因此,不管是从学生基本专业素养的角度出发,还是为将来的工作或进一步深造着想,都应该是以汉语为本。而外语能力在教学方面的作用,只需要"符合日常教学的基本要求,熟练掌握课堂用语,能用外语辅助教学"[1]。

---

[1] 国家汉语国际推广领导小组办公室. 国际汉语教师标准[M]. 北京:外语教学与研究出版社,2007:14.

同时，从培养海外汉语师资的现实情况来看[1]，外语不应该是英语独大，而是要注重对多语种师资的培养。国家汉办也曾在20世纪末21世纪初从对外汉语教师中选拔年轻教师进行小语种培训，为汉语走向全世界储备了人才。因此，各校在培养方案的制订和课程设置中应突出汉语的主体地位，外语教育则应结合各校办学特色，进行多语种培训，以满足教学需求为主。

对外汉语专业要培养的是应用型人才，因此在培养中要重视应用和实践，突出汉语作为第二语言教学的能力及跨文化交际能力。但对学生实践能力的培养，目前主流的研究主要关注的是实践教学环节。2012版专业介绍中的实践教学环节为"对外汉语教学实习、中华才艺训练、汉语语言现象以及对外汉语教学热点问题的研讨等"，其中备受关注的是实习问题，夏明菊、彭家法、林秀琴、王静等均对培养过程中的实习问题进行了研究。不可否认，由于汉语国际教育在很多学校不属于师范专业，加上难以找到合适的实习岗位，实习过程中不免存在流于形式的问题。但在我们的研究中发现，如果将实践能力的培养仅仅理解为实践教学环节的任务，则有失偏颇。实践能力的培养是一个长期积累的过程，而不是通过短短几个月的实习就能够完成的。我们应该将学生的实践性知识的学习和能力的培养融入相关课程的教学中。徐子亮介绍了华东师范大学对外汉语学院在这方面所做的积极尝试，可供其他学校学习借鉴。

（二）优化课程体系，注重办学特色

课程作为专业教学的重要组成部分，其合理性、科学性、体系性是实现人才培养目标的基本保证。各校在设置汉语国际教育课程时，要在需求分析的基础上，从学生的知识结构和课程体系整体优化的角度，进行课程体系设置。比如，在本科低年级阶段，可以通过开设通识课程来培养学生的人文素养和科学素养，开阔学生的国际视野、文

---

[1] 孔子学院和孔子课堂遍布世界上不同的国家和地区。截至2014年12月，有欧盟和61个国家及地区将汉语教学纳入了国民教育体系。

化视野，增强学生的跨文化交际意识，并夯实本专业的基础知识。到了高年级阶段，根据教育部专业目录的要求，一方面有针对性地加强专业课程的学习，另一方面注重培养学生的创新能力、思辨能力和探究能力。

总的看来，课程体系的搭建不是很困难的事情，但在具体的实施过程中，却存在不少的问题。在很多大学，虽然汉语国际教育专业的培养方案中开设了比较齐全的合格课程，但教学内容往往跟中文系其他专业的课程没有差别，甚至合班上课，根本没有体现出本专业的特色。何寅的观点值得我们借鉴。他在谈到对外汉语专业的汉语言教学与文化教学的关系时，认为语言教学是第一位的，文化教学是第二位的，文化教学应包括中国哲学、历史、文化和习俗。文学是文化的一部分，对外汉语专业的文学教学应有别于中文系重文学尤其是古典文学的教学传统，而跟国外大体保持一致。文学教学主要是使学生了解中国文化发展的脉络，了解文学和社会，特别是文学和社会思潮的关系。要对中国文化有总体上的把握，而不仅仅是对中国文学有一定的认识。古典文学不应该在整个文学教学中占主要地位，占主要地位的应该是现当代文学。这种见解无疑是契合专业人才培养需求的，因此，优化课程体系的过程，不仅要以专业目录介绍为指导，还要认真研究、仔细思考每一门具体课程的教学内容，是否真正有利于本专业人才的培养。

特色是专业的立足之本。汉语国际教育专业培养的是能在国内外各类学校从事汉语教学或在其他部门从事与语言文化传播相关工作的应用型人才，因此国际化应该是本专业的主要特色，也是目前解决本专业课程没有特色、没有竞争力等问题的突破口。关于这一点，提及的学者不多，或者他们有的只是简单地把国际化理解为较高的外语水平和跨文化交际能力。

《国家中长期教育改革和发展规划纲要（2010—2020年）》明确提出国际化人才培养目标：适应国家经济社会对外开放的要求，培养大批具有国际视野、通晓国际规则、能够参与国际事务和国际竞争的国际化人才。汉语国际教育专业作为主要为国际汉语教师培养人才的专业，毕业生从事教学面对的主要是国外的学生，自然应该熟悉国外的教学和考核标准。熟悉并达到先进国家的教学标准，不仅可以使出国任教的毕业生尽快适应国外的教学工作，也可以提高其在国内就业的竞争力。目前培养的本专业学生在就业时外语竞争不过外语系学生，中文竞争不过中文系学生，但如果这个专业立足于国际化人才培养目标，根据国外先进的教学标准来进行培养，在中国的教学正不断向国外学习的大背景下，汉语国际教育专业的学生在就业时就可以有相当的优势来跟中文师范生或英语系学生竞争。国际汉语教师资格证书作为汉语国际教育行业的准入证书，从笔试到面试再到持证教师的继续教育，均学习了美国教师资格认证制度的地方。[1]这也给了我们一个讯息，在汉语国际教育专业学生的培养过程中，我们必须具有国际视野，参考国际标准，才能培养出真正国际化的人才。

因此，汉语国际教育专业应注重突出国际化特色，推动课程的国际化建设和国际化办学进程。而课程的国际化，就是要能在课程设置、课程内容、教学方法及课程评估等方面借鉴先进国家的办学经验，积极与海外高校合作，鼓励国际合作交流项目的发展。专业教师要积极利用暑期学校、短期实习、孔子学院等平台来培养学生的实践能力，增强学生的国际意识，提高学生参与国际事务和竞争的能力。

（三）加强质量监控，提升教学质量

加强教学质量监控是推动内涵式发展的必要举措。目前国内高校的教学质量监控，主要通过专业评估来进行。在教育部和各省市教育主管部门的重视下，专业评估正成为教育质量保障的重要组成部分。

对外汉语作为中国语言文学类的一个二级学科，在专业评估中没有单独的评估指标，教学评估跟中文系其他专业样。本来我国现行的本科教学评估中最受诟病的就是评估指标体系的统一性和单一性，加上对外汉语专业的特殊性，现有教学评估只能是走过场，并不能真正

---

[1] 如汉考国际2017年10月刚刚发布的规定，要求持证人员5年内需参加继续教育培训，合格后方能继续持证。

起到质量监控的效果。作为一个新兴的国际化程度较高的专业,汉语国际教育专业迫切需要建立自己的评估指标体系。该体系一方面要借鉴国内其他专业的评估方案,另一方面也要借鉴国外相关专业的评估标准。尤其是在教学的主要环节上,要确立明确的指标体系,以便在教学过程中切实加以监控。

当然,专业评估也要具备科学性和可操作性,不能用一个标准衡量所有的院校。首先,对不同层级院校的汉语国际教育专业,要分层评估,分类指导。其次,要坚持评估的多元化和常态化,不能只依靠"行政评估""专家进校",要在日常的教学活动中,以评估指标为标准,提倡教师集体备课,互相听课,针对教学中出现的情况及时改进教学内容和方法;还可以利用学校的教学管理平台,对教师教学内容安排和学生考评进行网络管理、同行评议。此外,利用互联网信息技术,建立国家层面的专业质量评估信息库及课程资源网站,一方面可以进行相关经验交流,使教学资源得到充分合理的利用;另一方面也可以加强对专业教学过程的动态监控,从而最大可能地提升教学质量。

四、结语

在2017年11月召开的第四届全国高校汉语国际教育本科专业负责人联席会议上,不少学校的教师对汉语国际教育专业的可持续发展表示担忧。确实,对外汉语作为一个新兴专业在粗放的外延式发展模式下出现了诸多问题,但也应该看到,正因为是伴随着经济全球化浪潮而出现的一个新专业,其接受新事物、新理念的能力比一些老牌专业要强得多。我们相信,只要坚持以高等教育内涵式发展为导向,走国际化、特色化办学的发展道路,汉语国际教育专业就一定可以培养出时代需要的合格人才。

(本文原载于《世界教育信息》,2018年第9期,有删改。)

从学位论文看汉语国际教育专业硕士的培养
——以J省S大学为例

周国鹃

学位论文是学位授予制度的产物,是相关研究人员为获得不同级别的学位候选资格、专业资格而提出的研究成果或研究结论的书面报告。学位论文是论文撰写者的知识结构和学术水平的直观反映,也是学校培养质量的一种外在显现。汉语国际教育硕士专业学位招生至今只有短短的五六年时间,在培养方案设计、教学模式运转、师资队伍建设等方面,还有诸多需要探讨的问题。通过学生的学位论文来考察本专业硕士的培养质量,是本着实事求是的科学态度在发现问题、分析问题,具有一定的实践意义。

一、问题的提出

为推进汉语国际化的可持续发展,加强国际汉语师资队伍建设,国务院学位办设置了汉语国际教育硕士专业学位,并从2007年开始在部分院校开展招生培养工作。《关于〈汉语国际教育硕士专业学位设置方案〉的说明》(2007)[1]中提道:"目前,我国的学科设置和汉语国际教育人才培养体系无法满足汉语国际推广的需要,主要表现

---

〔1〕方案及指导性意见文本或见于全国汉语国际教育硕士专业学位教育指导委员会秘书处《工作通讯》第1期(2008)、第2期(2009),外语教学与研究出版社监制;或另见秘书处发布的其他会议材料。

在：一是缺乏独立的对外汉语学科。现有研究生学科、专业目录没有独立的对外汉语学科，人才培养主要分散在中国语言文学、外国语言文学、教育学等不同学科领域，不利于培养汉语国际推广需要的综合性人才；二是人才培养模式缺乏针对性。现有的培养模式以培养学术型人才为主，对外语能力和跨文化交流能力的培养不够重视，对第二语言教学实践技能训练不足；……"因此，笔者分析认为，设置汉语国际教育硕士专业学位是满足海外汉语教师巨大需求的必要举措，也是解决汉语国际推广师资培养的一个有效途径，其核心是培养学生以熟练的汉语作为第二语言教学技能和汉文化传播的能力。但从毕业生的学位论文来看，无论是2007年开始招收的在职研究生，还是2009年开始招收的全日制研究生和外国留学生，其第二语言教学技能或汉文化传播的能力距《汉语国际教育硕士专业学位研究生指导性培养方案》中的要求尚有不小的距离。这种距离具体表现在哪些方面？该如何来改善？本文通过对J省S大学汉语国际教育专业硕士学位论文的分析，来试图回答这些问题。

二、研究方法与过程

汉语国际教育专业硕士研究生招生的一个显著特点是既招收中国学生，也招收外国留学生。招收的中国学生一般为学士学位获得者，对本科专业没有特别的要求；招收的外国留学生要求必须具有汉语言及人文社科类本科以上（含）学历，具有较高的汉语水平和较丰富的中华文化知识。留学生学习汉语的经历使他们在感性上比中国学生更清楚对外汉语教学的诸多规律，在课程学习和论文写作的过程中有很强的国别意识。而中国学生来源复杂，各种背景的都有，加之S大学所招收的均为全日制培养对象，所有学生基本上没有从教经历，也缺乏汉语言和中国文化方面的知识，更没有把汉语作为第二语言习得的知识或体会。加上中外学生在S大学是分开培养的，中国学生大部分由中文系老师指导，留学生基本上由从事对外汉语教学的老师指导，这些最终导致了中国学生和外国学生在学位论文的撰写上出现了截然不同的倾向，外国学生的论文更符合《汉语国际教育硕士专业学位论文撰写指导性意见（试行）》（以下简称《指导性意见》）的要求。

本文旨在结合中外学生不同的学习背景及培养方式，通过对两部分论文的比较分析，来探究汉硕生培养中的缺失问题，为培养工作的进一步完善提出建议。在本文的写作过程中，除了对论文文本进行分析外，也利用笔者的教学管理者及指导教师身份对部分学生和教师进行了访谈式调查。

三、研究结果与分析

2009年至今，S大学共有46名中国汉语国际教育硕士研究生和54名外国汉语国际教育专业硕士研究生毕业。笔者通过文本分析，对这100篇学位论文进行了分类，依据《指导性意见》分为：调研报告、教学实验报告、案例分析、教学设计和专题研究。在专题研究一类中，又根据论文实际，分出汉语本体、中外语言对比、教学、文化、汉语习得、教材、测试等几个具体小类，并对某些小类进一步细分（详见附录）。

根据《指导性意见》，最能体现汉语国际教育硕士专业学位论文实践性的应是采用调研报告、教学实验报告、案例分析、教学设计等形式完成的毕业论文。通过分类可以看出，中国学生只有4人写了相关论文，占比8.7%，而外国学生的这一占比是42.6%。在专题研究中，关于汉语本体的研究比例，中国学生为17.4%，外国学生为5.6%；而关于中外语言研究的比例，中国学生为8.7%，外国学生为18.5%，这是各自优势的体现。在教学研究这一类，中国学生的比例为40%，外国学生的比例为24%；文化研究这一类，中国学生为19.6%，外国学生只有3.7%。其他研究中中外学生比例相差不大。从论文分类可以看出，外国学生学位论文的实践性要远远高于中国学生。

具体到论文内容上，中国学生的论文缺乏实践性还表现在选题大而空，缺少针对性。如《关于韩国学生在中国习得汉语情况的报告》《对外汉语教学中的中国文化教学研究》《对外汉语课堂趣味性教学研究》等，要么题目很大，实际涉及范围很小；要么过于宽泛，属于宏观研究范畴。再如《论现代汉语中词语的超常搭配及对外汉语教学》《留学生成语使用偏误分析》《现代年轻女性社交称谓语研究及其对外汉语教学》等，可以明显看出作者缺少对留学生学习汉语情况的了解，因而也就无法发现对外汉语教学中的真正问题，故论文缺少针对性。还有一些论文貌似具有实践性、针对性，如《关于存现句的教学设计》《汉语条件复句的教学设计》《中华狗文化的对外汉语教学策略研究》等，但细看文中设计或策略会发现，这些东西明显不合时宜，不是真正实践的提炼。

反观留学生论文，其实践性、针对性要明显高于中国学生，如《无锡韩国人学校教学调查》《中韩近音词对比及其对韩教学方案》《越南学生汉语语音偏误分析》《怎么教"了"——针对将汉语作为外语的日本学生》《对法汉语同义词课堂教学的问题及对策》等。当然，留学生论文也有不尽如人意处，主要体现为经验论，自我学习汉语的经验色彩过重，专业性、学术性单薄，只描述"是什么"，不回答"为什么"，往往只是一种感性的学习、工作总结。

实践性可以说是专业硕士培养的灵魂所在，是其区别于学术型硕士最主要的特征。《全日制汉语国际教育硕士专业学位研究生指导性培养方案》（2009）明确提出培养目标为"培养具有熟练的汉语作为第二语言教学技能和良好的文化传播能力、跨文化交际能力，适应汉语国际推广工作，胜任多种教学任务的高层次、应用型、复合型、国际化专门人才"，其中提到的"技能、能力、应用型"等，均需通过大量的实践才能获得。但是目前对于这个问题，多数任课教师和学生不是很清楚，或者不是很在意，导致不论是在培养方案设计、培养计划制订、课堂教学形式还是在论文选题与写作过程中，都比较含糊。汉语国际教育专业（硕士），尽管是以汉语言、中国文化等方面的知识为依托，但主要培养的是应用型人才，这决定了教育硕士培养模式要突出实践性，课程要强调案例教学。但考察学校的课程设置及授课内容，理论讲述与案例分析的比例严重失调。出现这样的问题，一是硕士专业学位在国内的高校教育中是个新生事物，目前的教师队伍基本由一直担任学术型学位的授课教师和导师组成。学校教育的历史延续性和授课群体的基本无差别性，使得针对学术型硕士研究生的教学方式和特点在专业硕士教学过程中很难根除。教师习惯于灌输式的课堂教学和理论讲解，加之多数教师缺乏对外汉语教学的方法和经验，使得汉语国际教育专业硕士的培养质量难以达到客观要求。二是教学资源的欠缺。实践课程强调案例教学，需要大量的案例作为教学资源支撑课堂教学，但从目前的情况来看，大多数学校所拥有的教学案例，尤其是国外汉语课堂教学案例极其贫乏。三是实践环节疏于管理。尽管培养单位在培养方案中都设计了实践教学环节，在教学运行过程中也设置并执行了一系列实践、实习等课程，但是教学效果如何评估、学生实习如何管理，却往往没有明确的规定。

四、研究结论与建议

以上分析可以看出，目前汉语国际教育专业硕士培养中最突出的问题是实践性不够。为加强培养的实践性，我们应该从师资队伍建设、课程设置及质量保障等几个方面来下功夫。

首先可以考虑放宽汉语国际教育专业硕士指导教师聘任条件。专业硕士的培养应实行研究型教师与教学型教师联合教学的教师指导体制，形成大学学术型教师和各级学院机构教学型教师与学生多方合作、多向互动的学习网络。目前国内其他的教育专业硕士培养队伍一般由两部分组成，一是大学的学术型硕士研究生导师，二是有高级职称的中学教师及管理者。但目前的对外汉语教学机构大多在高校，对外汉语教学方面的教师由于学科所限，在高校统一的职称评聘体系下很难评上高级职称，这导致汉语国际教育专业硕士的培养任务主要由不了解对外汉语教学的语言学及中国文学等方向的教师所承担，而一大批具有丰富教学经验的对外汉语教师却被排除在外。如能结合对外汉语教学实际，制定一个有别于其他专业硕士生导师的聘任标准，如规定任教多少年以上、有多长时间的海外教学经历、有几篇跟对外汉语教学相关的论文的教师可以被聘为指导教师，把更多富有经验的教师充实到教师队伍中来，则可以使我们的培养队伍更具专业性和实践性。这样的教师组合在满足相应的理论需要与指导的同时，既可以避免出现学术化倾向，又可以实现以实践性为核心的教学指导。

其次是课程设置及教学资源。一些理论课可以适当压缩课时，如《汉语作为第二语言教学》作为学位核心课程，一般规定授课时数为72课时，但实际上这门课的部分内容学生在准备入学考试时已学习过，另外有些内容跟拓展课程重合，因此可考虑减至36课时。同时应适当增加案例观摩课的课时，但大多数学校的教师苦于缺乏案例，尤其是缺乏国外汉语课堂教学案例。建议国家汉办牵头有条件的学校共同建立案例库，把国际汉语教师志愿者海外教学大赛的录像也放入其中，以无偿或有偿的形式对招收汉语国际教育硕士研究生的学校开放。

对于同时招收中国学生和外国留学生的学校，既不能中外一致，所有的课程都在一起上，也不能截然分开，让中国学生和外国学生没有一点交集。考虑到外国学生的汉语水平，可适当增加一些汉语言和中国文化知识方面的课程，有些理论课程还是分开授课为好。而有些拓展课程，如案例观摩及偏误分析等，若中外学生一起上课，来自不同国家学生的学习、教学经历可以丰富汉语教学的国别差异，避免中国学生一提中外差别就是中英差别的错误认知；同时中国学生也可以帮助留学生深入分析汉语的一些特点，提高他们的理论分析水平。

最后是实践环节。首先是培养单位对教学效果和学生实习要有明确的评价标准，不能流于形式。其次可以在对学生的毕业要求中凸显实践性，把硬性的规定内化为学生学习的动力，这主要体现在对毕业论文的要求上。一是从论文选题开始，严把实践关。实践是最富个性和特殊性的，只有通过认真实践，本着实事求是的态度来选题，才可以发现真问题，进行真研究，不具备实践性的选题应在开题时坚决予以否决。二是可以规定：学习者在课题学习、实习过程中撰写的相关的有质量的实习报告或课题设计均可视同毕业论文。

总之，培养院校应充分考虑汉语国际教育的特殊性，紧扣专业硕士培养的实践性要求，本着实事求是的科学态度建设师资队伍、设置培养方案、完善质量管理，这样才能培养出真正合格的汉语国际教育专业硕士。

附录：论文分类详表

选题分类			中国学生	外国学生
调研报告			2	17
教学实验报告			0	1
案例分析			0	1
教学设计			2	4
专题研究	汉语本体		8	3
	中外语言对比		4	10
	教学	语言教学	5	6
		文化教学	4	1
		偏误分析	2	4
		教学原则与教学法	6	2
	文化	单一文化	3	0
		跨文化比较	6	2
	汉语习得		1	2
	教材		2	1
	测试		1	0
总计			46	54

（本文原载于《黑龙江教育》，2014年第1期，有删改。）

形成性评价在语言教学中的效用研究

姜 晓

形成性评价是 20 世纪 60 年代末期出现的一种新型评价体系。Black & William 指出，形成性评价是教师与学生从事的一切旨在获得信息并诊断性利用信息以改进教学的活动。这些活动包括了学习者日常学习过程中所做出的表现和所反映出的情感、态度、策略以及所取得的成绩等各个方面，最终得出的评价是在对学习者学习的全过程进行了持续观察、记录和反思后才做出的发展性评价。形成性评价的目的是激励学习者的学习热情，帮助学习者有效调控自己的学习进度，使学习者获得成就感，增强自信心。此评价体系没有简单地从评价者——教师的需要出发，而是从被评价者——学习者的需要出发，重视学习的过程，重视学习者在学习中的完整表现，是真正将学习者从被动接受评价的消极客体参与者转变为产生评价的积极主体参与者。随着课堂教学理论的不断发展，形成性评价已受到越来越多教育工作者的重视。

赵金铭在回顾了近年来汉语作为第二语言教学所采用的各种方法以后，认为世界语言教学法未来的发展趋势是在方法上逐渐走向综合。那么，语言教学评价也应随之做出相应的调整，应尝试避免将期中、期末考试与汉语水平等级考试（HSK）作为教学目的和测量学生学习水平的全部工具，应更加重视学生在学习过程中各个阶段的学习表现，而不只是单一地依靠最后的考试成绩来进行评估。杨惠元在《课堂教学评估中的作用、原则和方法》一文中指出，我们应该搞进行时的评估，而不都是完成时的教学评估。他认为，只有关注学习者的学习过程和教师的教学过程，为教学提供早期的和及时的反馈，才是最有效的教学。美国俄亥俄州立大学东亚系所采用的体演文化教学法（the pedagogy of performing another culture）便充分考虑了语言教学的演进性，将形成性评价纳入了整个教学体系中，创造出了一种行之有效的评价体系——"每日评估系统"。笔者认为，该系统是一个激发学习者学习动力的必备要素，考虑到学习者的自我评价、多元评价等多个层面的相互影响，可以对教学起到及时反馈与促进的作用，也可以对学习者自我语言认知体系的构建起到良好的监督与匡正的作用。

一、"每日评估体系"介绍

"体演文化教学法"的创始人之一吴伟克教授认为，学习用某种外语进行交流的目的，就是要获得能运用该国文化来理解和表达意图的能力。其中，"体演"（performance）便是学习中必不可少的一环。"体演"概括了"运用、表演、体验、实践、参与"等多层含义，核心是强调"体验"和"演练"的结合，即理论与实践要合二为一。因此，该教学法认为，学习者在期末考试中的表现并不能完全展示学习者真正的语言水平。虽然测验是课程设置的必要部分，但这只应在学习者的整体成绩中占相对小的一部分，教师应将更多的注意力放在学习者每日的课堂表现上。学习者会在每日"体演"中不断发展自身的语言运用能力，逐渐展示出完整的学习素质，这才是教师准确评价学习者语言能力的全面资料。同时，教师应为学习者的每日"体演"提供及时反馈，激励学习者进行扎实的预习和更认真的复习。学习者在每日"体演"评估后做出的反馈，也可以帮助教师对课程内容做出适当的调整。因此，"每日评估体系"是检测学习者语言能力的有效手段。

"每日评估体系"将学习者的学期成绩分为"每次成绩综合"（90%）和"期末成绩"（10%）两部分。学习者的"每次成绩"要求教师每次授课结束后严格按照"四分评级制"进行打分。"四分评级制"评估的不仅仅是学习者的语言形式，还包括学习者是否表现出符合目的语文化规范的相关交际行为。其中，评分[4.0]表明学习者在体演过的语言领域中,可以像本地人一样进行交际。评分[1.0]表明学习者缺乏基本的语言交际能力。具体评分标准如下[1]:

[4.0] 显然进行了扎实的准备,并且体演与文化规范完全一致,即说和写及谈话中的反应均是以当地人预期的方式进行的。不会使当地人感到困难、不适或产生误解。能自我纠正(重说)。

[3.5] 做了良好的准备与扎实的体演,与当地人交流时很少产生困难、不适或误解。虽然几个明显的错误可能妨碍流畅的沟通,但多数时候能自我纠正。

[3.0] 做了良好的准备和体演。其体演的某些方面可能找出与当地人沟通时的困难、不适或误解。明显的弱点或形式上的错误需要他人(教师、同学)偶尔纠正或更正。

[2.5] 显然有所准备,其体演可用于交际,但有一些明显的因素造成与当地人交流时的困难、不适或误解。很难自己纠正,几乎所有纠正都是在他人的帮助下完成的。

[2.0] 只有少量的准备,体演会造成明显的交际障碍,所导致的也不仅仅是不适。其言辞使当地人感到困惑,无所适从,如这个人到底想表达什么? 通常要求他人(多为教师)进行重复纠正。

[1.5] 几乎完全没有准备,其体演将会造成与当地人沟通时巨大的困难、不适或误解。只有在教师重复的纠正和指导下才能交谈。明显地不能处理指定的内容。

[1.0] 出席,但没有参与或没有任何程度的体演能力。

[0] 缺席。

教师会在学期初向学习者说明哪些课堂表现会被评估以及评估的细则。每次评估的分数也会力求客观、公正和及时。教师还会在分数备注栏中标明学习者获得此分数的原因,以便让学习者明确了解自身需要改进的地方,促进学习者语言能力的持续发展。

例如,本学期的"汉语综合课"每周3次,共18周,那么"每

---

[1] 吴伟克. 体演文化教学法[M]//Matthew B. C & Paul. J. W. 文化敏感度与终生学习. 武汉:湖北教育出版社,2010:166-167.

次成绩综合"的满分是：4×3×18＝216；因此学习者的学期成绩为：（54 次"每次成绩"总分×0.9）/216＋"期末成绩"×0.1。由此成绩公式可以看出，"每日评估系统"的目标旨在帮助学习者提升自我学习与鞭策的能力，让学习者能意识到自身的问题且能及时自我修正。笔者认为，这样的学习评估系统会引导和促使学生在学习中保持更积极的心态。

二、实证研究

（一）研究目的与设计

为了检验"每日评估体系"能否在其他汉语教学环境中也起到提高教学效果的作用，我们将某高校汉语言专业留学生本科三年级的《经贸汉语》课程作为研究对象，对上这门课程的两个班级进行了不同评估体系的教学实验，研究时间跨度为一学期，意图通过对比两个班级学期末的成绩与 HSK 等级提高率来检验"每日评估体系"对提高教学效果的效用。

（二）研究对象

我们将"2013 级本三下"班级设为对照班，共有 6 名不同国籍的留学生，分别来自韩国、保加利亚与塔吉克斯坦，年龄均在 20—25 岁，均在此高校文学院学习了 3 年的汉语课程，通过了汉语言本科专业二年级的全部考试，并已达到 HSK4 级的汉语水平。

我们将"2014 级本三下"班级设为实验班，共有 4 名不同国籍的留学生，分别来自韩国、日本与老挝，年龄在 20—25 岁，也在此高校文学院学习了 3 年的汉语课程，通过了汉语言本科二年级的全部考试，并已达到 HSK4 级的汉语水平。

两个班级的授课老师均为同一教师，该教师具有语言学及应用语言学专业的博士学位，已有 10 年的对外汉语教学经验。两个班级的授课教材与课程内容完全相同。

(三) 研究方法

本次实证研究主要运用了以下几种研究方法与技术。

1. 问卷调查

对授课教师的问卷调查主要调查教师对评价体系的理解、教学安排、教学方法、教学态度等相关问题。对学生的问卷调查主要包括学生对教学安排的理解、学习内容、对教学质量的评价等相关问题。

表1 教师问卷内容

问卷结构	问卷序号	具体内容	答案选项
第一部分 教学安排	1—5	教学理念 教学内容	没有做到;做得不够好;一般;做得比较好;做得非常好
第二部分 教学方法	6—9	听说读写训练	
	10—13	评估方法	
第三部分 教学态度	14—16	课堂控制	
	17—20	师生交流	
第四部分 对评价体系的理解	21—24	对不同评价体系的认识及实施情况	

表2 学生问卷内容

问卷结构	问卷序号	具体内容	答案选项
第一部分 汉语能力	1—4	听说读写技能整体提高	很低;低;中等;高;很高
	5—8	听说读写技能单项提高	
第二部分 教学评估	9—12	教学内容	完全不同意;不同意;不确定;同意;完全同意
	13—17	教学方法	
	18—22	课堂控制	
	23—25	师生交流	
	26—29	评估方法	
第三部分 对教学安排的理解	30—31	对教学设计的认识	
	32—33	对不同评价体系的认识	

2. 教师访谈

采用面对面问答的方式，共进行了 3 次，分别在学期初、学期中与学期末，每次时长为 20 分钟左右。主要用于了解授课教师在评估系统方面的授课理念、课堂教学管理概况、学生的课堂学习态度及两个班级的教学情况综合对比等。

3. 课堂观察

采用随堂听课的方式，每班各听了 2 次，分别在期中前与期末前。主要关注学生的课堂学习积极性及课堂问答的正确率等，用于辅助证实问卷调查与访谈的结果的总体评估。

4. 数据分析对比

主要用于比较两个班级学生的最终学期成绩与学期末的 HSK 等级考试情况，以此对比两种评估体系在促使学生积极学习与提高学习水平等方面的最终效用。

"2013 级本三下"的测试评估体系为传统的总结性评价方式，学期成绩的构成为：学期成绩（100%）＝平时成绩（30%）＋期中成绩（30%）＋期末成绩（40%）。平时成绩包括课堂表现与出勤率两部分，其中课堂表现根据学生课堂问答情况与平时作业完成情况进行综合打分。期中与期末考试试卷均包含 70% 的客观题（填空、选择、判断）与 30% 的主观题（造句、作文）。

"2014 级本三下"采用的则是"每日评估体系"的形成性评价方式，学期成绩的构成为：学期成绩（100%）＝每次成绩综合（90%）＋期末成绩（10%）。该学期一共上课 54 次，每次成绩按"四分评级制"进行打分，"每次成绩综合"取学生 54 次课堂成绩的平均值，再按 90% 的比例计入学期成绩。期末考试试卷亦包含 70% 的客观题（填空、选择、判断）与 30% 的主观题（造句、作文），再按 10% 的比例折算计入学期成绩。

（四）研究结果

1. 教师教学心得

通过课堂观察与对授课教师的问卷与访谈，我们发现：采用

"每日评估体系"的"2014级本三下"的出勤率与课堂教学效果总体要比采用传统测试体系的"2013级本三下"更好一些。授课教师表示,"每日评估体系"使教师自身更加重视教学质量,教学内容的趣味性也有所提高,教学方法与课堂测试手段更加多样,课堂管理也更加紧凑有序。同时,"2014级本三下"的学生上课时更加积极主动,课堂表现也更好,整个学期的学习自主性都较为稳定,比"2013级本三下"学生的学习自主性更强。不过,采用传统测试体系的"2013级本三下"的学生在期中考试与期末考试前期的学习积极性特别高,所以,期中考试与期末考试的成绩也总体不错。

2. 学生学习心得与学习结果对比

经过一学期的教学与测试评估以后,学生对两种测试体系也有不同的心得体会。两个班级的学生都认可授课教师的教学方法与教学理念,都认为经过一个学期的学习,自己的汉语水平有了一定程度的提高。但是,采用"每日评估体系"的"2014级本三下"的学生认为形成性评价体系使自己更能积极主动地参与学习,并能与教师有较多的学习交流,且能自我检测每次的学习效果,同时令自己更有目的地安排学习,增强了学习的信心,他们普遍认为自己听说读写四个方面的技能都有了较大提高,其问卷调查选项大部分停留在"高"与"完全同意"选项上。而采用传统总结性评价系统的"2013级本三下"的学生虽然也觉得自己学有所成,但是大部分问卷选项都停留在"中等"或"同意"等级,对自身与评价体系的认可程度不如"2014级本三下"高。

我们对比了两个班级最终的学期成绩,综合情况如表3、表4。

表3 对照组学期平均成绩　　　　　　　　　　单位:分

2013级 平均学期成绩	平时成绩 (30%)	期中成绩 (30%)	期末成绩 (40%)	总成绩
	23.2	25.5	32.8	81.5

表4　实验组学期平均成绩　　　　　　　　　单位：分

2014 级 平均学期成绩	每次成绩综合（90%）	期末成绩（10%）	总成绩
	76.2	8.9	85.1

从表3、表4可以看出，采用"每日评估体系"的"2014级本三下"的平均学期成绩比采用传统测试体系的"2013级本三下"高出了3.6分。同时，采用"每日评估体系"的"2014级本三下"的平均期末成绩为89分，而采用传统测试体系的"2013级本三下"的平均期末成绩为82分。可见，"2014级本三下"的平均期末成绩也比"2013级本三下"的高出不少。

表5　两班HSK考试情况对比　　　　　　　　　单位：人

班　　级	HSK5级通过人数	HSK6级通过人数
2013级本三下	5	0
2014级本三下	4	3

根据表5我们可以发现：在实验前均达到了HSK4级水平的两班学生，在经过一学期的教学实验以后，采用"每日评估体系"的"2014级本三下"的留学生在学期末参加的HSK等级考试中，全部通过了HSK5级，并有3人达到了HSK6级水平；而采用传统测试体系的"2013级本三下"的留学生没有1人达到HSK6级的水平，并且尚有1人未通过HSK5级。当然，这不排除两个班级的学生水平、学习方法可能存在一些差异，但是综合两表，我们大致可以推断："每日评估体系"对提高留学生汉语水平的促进作用比传统的测试体系要更胜一筹。

三、"每日评估体系"的功用解析

根据以上研究，我们发现"每日评估体系"分别从"教"和"学"两个方面对汉语教学过程进行了督促，它的功用也正是通过这两个方面得以展示的。

(一) 在教师教学方面的功用

第一，教师能及时获得教学反馈，并对教学过程和教学步骤迅速做出调整。教师在教学中获得及时反馈是非常必要的，教师可以通过每次成绩评估了解到每一位学习者对当日语言点的掌握程度。同时，教师也可根据每次成绩的平均分，迅速判断出当日设计的教学内容是否难度适中、是否激发了学习者的学习动力等。这些点滴的反馈信息，都可作为教师对学习者语言习得效果的评价基础。教师对学习者的学习过程和学习效果了解得越深入、掌握得越全面，就越能有效合理地安排自己的课程和教学。

第二，融洽了教师与学习者的师生关系，使课程教学变得更加积极有效。教师定期将每日评价结果反馈给学习者，学习者会及时了解到自己与教学目标间的差距。学习者会根据评价情况来调整自己的学习状态，更积极、主动地投入学习，自然也会加强在课堂教学中与教师的互动。这种良性的互动关系，会使课堂教学变得更加顺畅有效，也让师生关系更加和谐。

第三，教师获得了更科学客观的教学资料。长期及时的形成性评价，能帮助教师清楚地了解自己的教学过程和学习者的学习过程，这就为教师提供和积累了大量教学研究的素材。这些新鲜客观的素材因为具有真实性和连续性，给教师的自我提高研究带来了极大的便利，也在一定程度上推动了语言学科的不断发展。

(二) 在学习者学习方面的功用

第一，让学习者及时得到肯定，增强自我效能感。语言学习，特别是第二语言学习，往往是枯燥无味的，很多人都不能长久地坚持下来。许多海内外学者的研究发现，提高学习者学习质量和效率的方法，第一是令学习者爱学、喜欢学；第二是教学方法得当；第三是学习者自身勤奋刻苦。"每日评估体系"一方面使学习者清楚地看到自己在每一节课、每一阶段的进步，获得成就感，增强学习的信心和动力；另一方面，教师对学习者取得的进步给予明确的分数反馈，也是对学习者学习能力的认可和肯定。这样的方式使枯燥的语言学习变得有趣，也使学习者相信自己有学好语言的能力，一时短暂的兴趣就会逐渐变成持久的学习动力，进而提高学习者学习的效率与质量。

第二，让学习者及时了解自己的缺陷，改正不当的学习方法。"每日评估体系"关注的是学习者在自身语言能力的基础上是否得到了提高。学习者通过每次的评估成绩，可以了解到自己在每堂课的表现情况，意识到自己与教学目标之间的差距。及时的分数反馈又能使学习者对刚学过的知识有更鲜明的记忆，即便产生错误，也更易于迅速改进。分数高的学习者会因此受到鼓励，更加努力学习和准备，逐渐形成良性循环；分数不高的学习者亦会因此受到刺激，不断改进自己的学习方法，期望能够得到更高的分数。倘若有学习者觉得自己的表现与分数不符，也正好可以借此机会与教师进行沟通，让教师感受到学习者的积极性。双方一起努力，更容易取得良好的教学效果。不管是哪种学习方法的改变，都是对学习者学习动力的促进，是一种内在的学习动机，会让学习者的学习成果向好的方面转变。

第三，让学习者更多地关注学习过程而不是学习结果，促进其对知识整体性的把握。学习者在语言学习的过程中，往往只关心语言学习的结果，比如HSK考了几级、期末考试在班上排第几名等。其实学习过程比学习结果更重要。通过"每日评估体系"，学习者了解到了学习的全过程，就会更自主、积极地学习，更好地监控自己的学习行为，减少盲目性，增加自觉性。学习者会由此扎实地练好基本功，实实在在地提高语言交际能力，使语言教学变得更加有效。

四、结论

"体演文化教学法"正是因为有了"每日评估体系"，才使学习者在高强度的学习压力下，保持了持续的学习热情与动力。本论义的实证研究也充分印证了这一点。不过，我们虽然在研究中借鉴了"每日评估体系"，但由于实验人数不多，以及未考虑到学习者内在学习动机不同、学习习惯差异等因素，因而研究还存在着局限性。因此，语言教学者可根据实际教学目标和要求，参考"每日评估体系"来进行成绩评定，或自行设计一套适宜的每次成绩评估标准。最重要的是，教师应形成每次评估、每次反馈的教学评价意识，重视形成性评价对语言教学的促进和监督作用，改变传统的总结性评价"一锤定音"的模式，这样才能不断激发学习者参与学习的欲望，促使学习活动持久继续下去。同时，教师在形成性评价的过程中需要尽量客观与公正，多鼓励和引导学习者。学习者则要逐渐适应这种自主学习和自我评价的模式，通过每次的评估分数，尽快调整自己的学习策略，提高自己、完善自己，最终达到理想的语言学习水平。

（本文原载于《中文教学研究》，2018年第1期，有删改。）

课堂"支架"构建对
短期语言习得的效用分析

姜 晓

一、引言

20世纪80年代末期,心理学家Vygotsky提出了"最近发展区"(zone of proximal development)[1]的概念。他认为,学习者的现有实际水平与其潜在的发展水平是存在差距的,这个差距就是"最近发展区"。学习者可以依靠"他人调节"(other-regulation)来跨越"最近发展区",然后达到独立完成任务的"自我调节"(self-regulation)阶段。[2]于是,"他人调节"在学习者语言习得和认知过程中的重要作用引起了专家学者们的关注。

毫无疑问,教师是最能为学习者提供"他人调节"帮助的人选。随着建构主义理论影响的不断深入,教师在课堂教学中为学习者构建起"支架"(scaffolding)以辅助学习者完成学习任务,成了第二语言教学中一种较为常见的"他人调节"方法[3]。"支架"是教育学家们从建筑行业借用的一个术语,是指在教育活动中专家、同伴或他

---

[1] L. S. Vygotsky. Mind in Society: The Development of Higher Psychological Processes [M]. Harvard: Harvard University Press, 1978: 57.
[2] R. Tharp & R. Gallimore. Rousing Minds to Life: Teaching, Learning and Schooling in Social Context [M]. UK: Cambridge University Press, 1988.
[3] J. Maybin, N. Mercer & B. Stierer. Scaffolding Learning in the Classroom [A]. In K. Norman (ed.). Thinking Voices: The Work of the National Oracy Project [C]. London: Hodder and Stoughton, 1992: 186–195.

人为辅助学习者完成其无法独立完成任务时所提供的有效支持。[1]"支架"在课堂教学中多以话语形式出现，前人根据其不同的功能与特征划分出了多种"支架"类别。近年来，随着二语习得微观研究的开展，以下七种"支架"分类被较多的学者采纳，并被用于实证研究[2]：

（1）引起兴趣（recruitment）：旨在激发学习者对学习任务的兴趣，例如，教师通过提问"有很多中国人想和你拍照吗"，来引导学习者说出"受欢迎"的短语；

（2）简化任务（simplifying the task）：为学习者适当降低学习任务的难度，例如，当学习者忘记使用"没/不……，不……"的结构时，教师的问句是"没坐过硬座，算了解中国吗"；

（3）维持既定目标（direction maintenance）：当学习者只能完成部分学习任务时，教师增加新的提示，以促使学习者完成全部学习任务，例如，学习者说出了"坐火车又快又方便"，遗漏了后面的"顺带"语言点，于是，教师问道"坐火车很快很方便，还可以同时体验什么感觉"；

（4）标注关键特征（marking critical features）：教师向学习者直接明示需要使用的语言点，例如，为了让学习者使用"连"，教师提示"服务很差，没有服务员，所以是，连……也……"；

（5）控制挫折感（frustration control）：旨在减轻学习者完成任务过程中的压力和沮丧，例如，学习者在教师的多方提示下，仍然不会使用已知语言点，教师说道"是不是太紧张了"；

（6）示范（demonstration）：教师直接向学习者展示正确而完整的语言点，例如，学习者始终无法说出语言点"真不明白……"，教师示意学习者跟读"真不明白为什么出去玩还要这么累"；

（7）反馈（feedback）：对学习者完成任务的过程或结果给予评

---

[1] D. Wood, J. S. Bruner & G. Ross. The Role of Tutoring in Problem Solving [J]. Journal of Child Psychology and Psychiatry, 1976 (17): 89 - 100.

[2] 李丹丽. 二语课堂互动话语中教师"支架"的构建 [J]. 外语教学与研究, 2012 (4): 574 - 575.

价,例如,教师根据学习者完成学习任务的情况说出"不错""很好""再想想"等评语。

根据 Azevedo 等学者[1]对"支架"的进一步分类,上述(1)(3)(5)项属于"情感支架"(motivational scaffolds)类别,主要为学习者提供习得过程中的情感因素支持;(2)(4)(6)项属于"认知支架"(cognitive scaffolds)类别,旨在直接辅助学习者向更高的潜在认知水平迈近;第(7)项则兼具"情感支架"和"认知支架"的功能。

不少研究者通过分析得出,这7种"支架"对学习者完成语言任务起到了积极的作用。但是,哪些"支架"的作用显著?哪些"支架"却收效甚微?在短期强化语言项目中,到底哪些"支架"对学习者的语言习得更有帮助?这些问题仍是二语教学界值得关注的课题。

因此,本文借鉴相关领域的研究方法,以2014年美国关键语言奖学金(Critical Language Scholarship,简称 CLS)短期强化项目苏州分院的听说课作为研究对象,通过问卷调查和数据分析,探讨教师构建的7种"支架"与学习者习得成效之间的关系。这项研究对我们科学客观地评价教师"支架"构建的作用,具有实际参考价值。

二、研究内容

(一)研究对象

本研究受试对象为54名来华学习汉语的美国大学生和6名教授汉语听说课的教师。参与调查的学生来自美国不同的大学,均在美国

---

[1] R. Azevedo, J. G. Cromley, L. Thomas, D. Seibert & M. Tron. Online process scaffolding and students' self-regulated learning with hypermedia [A]. The Annual Conference of the American Educational Research Association. Chicago, Illinois, 2003.

有1—2年学习汉语的经历。这些学生被选入美国CLS项目以后，根据其在美的OPI（Oral Proficiency Interview）成绩，按照每班不超过10人的分班原则，划分成初、中、高三个等级，每个等级2个班。6名教师均有汉语作为第二语言教学专业的硕士或博士学位，并具有三年以上在高校从事汉语教学的经验。

（二）研究数据

本文的数据来源有三项：

（1）教师在课堂教学中构建的7种"支架"的使用比例。我们分别收集了6个班某一教学单元（4节听说课）的教师课堂教学录音，共约28个小时。我们对这些录音进行了转写和数据分析。首先，我们找出含有"支架"功能的语段，即学习者在教师的语言"支架"帮助下完成学习任务的对话。然后，依据前人研究发现的7种"支架"类别和特征，对这些话语进行解码分析。最后，量化这些"支架"类别在教师课堂教学中出现的比例。

（2）"支架"效用评价问卷。我们设计了针对7种"支架"类型效用的评价问卷，采用Likert 5点量表，请学习者评定。在实测之前，我们对与受试者同质的部分来华美国大学生进行了预测和访谈，并根据结果对问卷进行了修订。为了保证所有受试者都能理解问卷，除了有关"支架"类型的举例是使用课堂教学中出现过的汉语（如，"引起兴趣"支架的例句为"有很多中国人想和你拍照吗"）以外，其他内容均翻译成英语，并请以英语为母语者校读，保证语义表达正确、无歧义。问卷以纸质方式发放并现场收回，完成问卷大约需要10分钟。

（3）学习者教学单元的测试成绩。我们收集了6个班所有学习者在此教学单元授课结束后的听说测验成绩。

三、研究分析

（一）教师课堂教学"支架"使用比例分析

我们首先量化分析了 6 个班听说课教师在课堂教学中使用不同"支架"类型的比例，结果见表 1。

表 1　教师课堂教学支架使用比例

	引起兴趣	简化任务	维持既定目标	标注关键特征	控制挫折感	示范	反馈
初级 1 班	4.4%	2.6%	12.4%	14.7%	0	36.4%	29.5%
初级 2 班	5.8%	5.6%	11.5%	17.9%	0.4%	32.7%	26.1%
中级 1 班	7.7%	5.8%	13.4%	18.2%	0.3%	31.8%	22.8%
中级 2 班	8.2%	3.5%	10.6%	15.6%	0.4%	36.3%	25.4%
高级 1 班	10.6%	8.7%	23.6%	14.1%	1.5%	26.3%	15.2%
高级 2 班	9.7%	10.6%	20.8%	15.2%	1.6%	23.2%	18.9%

从表 1 中的数据我们可以发现，教师的课堂支架使用比例表现出以下规律：（1）"示范"是课堂教学中教师最常使用的支架类型，且使用比例远远高过其他支架类型，占教师支架使用的三成左右。可见，在有限的课堂教学时间内，大部分教师愿意采取最直接的支架策略，力求帮助学习者更快进入"最近发展区"。不过，随着学习者汉语水平的逐步提高，教师采取"示范"支架的比例呈递减趋势，尤其是到了高级班，"示范"支架的使用比例相较初、中班级下降了不少。这说明，随着学习者汉语水平的提高，教师会使用其他一些不如"示范"显性的支架手段，以促使学习者"自我调节"进入"最近发展区"。（2）"反馈"是初、中级班教师第二常用的支架类型。研究数据显示，教授初级班的教师使用"反馈"支架的比例近三成，与使用"示范"支架的比例相差不远。而教授高级班的教师使用"反

馈"支架的比例则大幅度降低。这说明，多数教师认为"反馈"支架在学习者的学习前期更能起到"他人调节"的作用。(3)"维持既定目标"是高级班教师第二常用的支架类型。而在初、中级班授课中，教师采用此种支架策略的比例仅占一成左右。这一现象表明，在学习者能力提高的学习后期，教师期望通过加大此种支架的使用频率，引导学习者自发习得。(4)"标注关键特征"支架在初、中、高级6个班课堂教学中使用的比例较为接近，均为整个支架使用的15%左右。这一数据说明，教师们大多认可这一支架类型的效用，但由于此支架策略介于起直接引导作用的"示范"支架和起间接推动作用的"维持既定目标"支架之间，效用力度不够典型，所以教师的使用比例并不高。(5)"控制挫折感"这一支架类型是教师使用最少的支架策略。在初级班的课堂教学中，教师几乎没有使用这种支架，到了高级班里，教师也采用得非常少。看来，多数教师容易忽视此种"情感支架"的辅助效用。

(二)"支架"效用评价问卷分析

我们将学习者对教师采用的7种"支架"效用评价进行了分类计算，所得结果见表2。

表2　支架效用评价数据表（5点量表）

	效用评价						
	引起兴趣	简化任务	维持既定目标	标注关键特征	控制挫折感	示范	反馈
初级1班	4.44	4	3.56	4.44	3.33	4.56	4.11
初级2班	3.95	4.13	3.21	4.39	3.82	4.76	4.35
中级1班	3.67	3.67	3.78	4.45	3	4.56	3.44
中级2班	3.52	3.83	3.74	4.51	3.12	4.58	4.27
高级1班	3.67	4.11	3.78	4.42	2.78	5	4.22
高级2班	3.56	4.02	3.67	4.39	3.61	4.51	4.11

从表2中的数据可以看出：(1) 在初、中、高级6个班的学习者心中，"示范""标注关键特征"是学习者普遍认为效用最高的两种"支架"类型。可见，学习者对教师明确展示知识点的"他人调节"行为较为认可，主观上很乐意接受这样的教学帮助。(2) "控制挫折感"支架的学习者认可度在所有支架中偏低。有意思的是，学习者对"控制挫折感"支架的认可分值根据其自身语言水平的由低到高呈递减趋势。这说明，学习者语言习得水平越高，自我调节学习情绪的能力就越高，其对教师"控制挫折感"情感支架的依赖程度则会越低。(3) "引起兴趣"支架在初级班学习者心中的认可分值较高，与"标注关键特征"支架的认可分值接近。结合对"控制挫折感"支架效用的分析结果，我们可以发现：在学习初期，学习者对具有推动作用的"情感支架"有较强的依赖性。教师在这一阶段的教学活动中若采用"情感支架"，会更易推动学习者的语言习得进程。(4) "反馈"支架在高级班学习者心中的认可分值位居第三。"反馈"支架作为兼具情感和认知两种功能的支架类型，在学习者学习后期发挥的作用日趋明显。此数据说明，学习者在学习过程中希望不断获得教师明确的反馈，以便了解自身习得能力的进步程度，从而自我推动以跨过最近发展区。

为了考察教师课堂"支架"使用比例与学习者对"支架"效用评价之间的关系，我们用SPSS19.0对上述两个表格数据进行了相关分析。分析结果显示：$r=0.578$，$P=0.006<0.01$。这意味着教师课堂使用"支架"的比例与学习者对"支架"效用的认可程度密切相关，二者的相关性分析具有极大的显著性。通过深层分析我们发现一个奇怪的现象：部分"支架"在初、中、高级6个班的使用比例呈递增趋势，而初、中、高级6个班的学习者对这些"支架"的认可程度却基本持平或呈递减趋势。比如，初、中、高级6个班的教师使用"引起兴趣"支架的比例是由低到高，而初、中、高级6个班的学习者对此支架的效用认可程度却是由高到低。呈现类似特征的"支架"类型还有"控制挫折感"支架。

这一现象引起了我们的思考：为什么有些"支架"教师使用得

越多，学习者却越不认可？这种不认可的心理是否会影响学习者最终习得水平的提高呢？

（三）学习者习得成效与教师"支架"使用比例及"支架"效用评价的关系分析

为了解答上面的疑问，进一步了解学习者的习得成效与课堂教学"支架"之间的关系，我们将学习者学完此单元后的测验成绩，与教师"支架"使用比例表和学习者的"支架"效用评价表进行了回归分析。我们以7种"支架"的教师使用比例和学习者对7种"支架"的效用评价分值为自变量，以学习者的单元测试成绩为因变量，用SPSS19.0进行了逐步回归分析。分析结果显示："引起兴趣"的教师使用比例、"维持既定目标"的学习者认可程度、"控制挫折感"的学习者认可程度三个因素进入了方程式。$r^2 = 0.996$，回归方程显著：$F(14, 12) = 272.653$，$P = 0.039 < 0.05$。这一结果表示，上述三个因素对学习者的习得成效起着关键作用。其中，"引起兴趣"的使用比例、"维持既定目标"的学习者认可度与学习者的习得成效呈正相关关系，"控制挫折感"的认可度与学习者的习得成效呈反相关关系。

为什么这三个变量会成为决定学习者习得成效的直接因素呢？我们对这三个因素的内涵做了进一步的深层分析，可以发现：这三个因素的共同点是三种支架类型均属"情感支架"类型，不管是教师教学使用比例还是学习者认可程度都体现了对学习者自身习得能力的重视。"情感支架"相比于"认知支架"，更强调发挥促使学习者自我领悟和理解的作用，期望通过搭建"支架"强化学习者认知习得的能力。学习者学习水平越高，越易对学习产生兴趣，形成良性的习得循环。同理，学习者学习水平越高，自我情感调节能力越强，则越不易受到习得受挫的影响。这种结论正印证了无数语言学家在语言学习中提倡的"敢于说、别怕错"的精神。虽然，学习者主观上很希望获得教师显性的"支架"搭建辅助，但客观调研显示：若学习者没有通过自我认知和内化，即便教师搭建起学习"支架"，学习者也不易获得"自我调节"能力。因此，若教师过多地在课堂上直接展示知识点，或者直接公布正确答案，学习者则易对"他人调节"产生依赖性，阻碍学习者过渡到"自我调节"阶段。只有教师不断鼓励和引导，学习者才会克服学习惰性，发展独立学习能力，最终提高语言习得水平。

四、结论与建议

本文通过问卷调查与数据分析，探讨了教师课堂教学"支架"的使用情况、学习者对"支架"效用的认可程度及二者与学习者习得成效之间的内在关系。研究结果发现，教师的教学"支架"使用比例较大程度地影响学习者对"支架"效用的评价；真正对学习者短期习得效果产生作用的是教师在课堂教学中搭建的"情感支架"类型（"引起兴趣""控制挫折感"等）。根据这些研究结果，我们认为在短期语言教学课堂中教师应关注以下问题：

（1）教师应在教学中多起"调节"而非"给予"作用，引导学习者依靠自身习得能力建立语言认知。目前，多数教师在授课中都易采取搭建显性"支架"，如"示范"的方式来帮助学习者习得。采用这种显性"支架"的原因，一是受授课时长和教学内容的限制，二是为了方便师生在有限的时空中进行沟通。但我们的研究结果表明，这样的显性"支架"虽然会获得学习者的认可，但却会导致学习者倾向于被动接受知识的境地，影响其提升自我纠正的能力。因此，教师需要花费更多的精力设计教学中的非显性"支架"。比如，尝试把部分"示范"支架改为"简化任务"支架，把直接给予答案的"反馈"支架改为"标注关键特征"支架等。这种教学思路与 Krashen[1]"输入假说"中的"i+1"理论不谋而合。学习者只有不断接触略高于其现有水平的语言材料，才能强化其对目的语学习的自我调节，从

---

[1] S. D. Krashen. The Input Hypothesis: Issues and Implications [M]. London: Longman, 1985: 2.

而突破最近发展区,达到更高层次的语言水平。

(2)教师应充分重视"情感支架"在短期教学课堂中的作用与效果。第二语言教学是与教育学、心理学密不可分的学科。教师在课堂教学中切不可忽视学习者习得过程中的情感因素。在学习初期,教师可多采取活泼生动的导入方式,以期引起学习者对学习内容的兴趣;当学习者尚不能进行自我调节时,应适当给予情感安慰,如,询问"是否存在生理原因的影响?是否由紧张所造成的失误?"等。类似的"支架"举措可避免挫折感给学习者带来的认知阻力。在学习后期,由于所授内容难度的加大,教师不要轻易减少"引起兴趣"支架的使用,在授课时间允许的情况下,还可加大"引起兴趣"支架的比例,如,教师可由"旅游"话题引出有关"出行方式""住宿预订""导游解说"等相关内容。同时,学习者随着习得能力的增加会更正确看待认知失误,因此,教师在学习后期亦可减少"控制挫折感"支架的使用比例。"情感支架"会对"认知支架"起到至关重要的补充和推动作用,Krashen[1]在"情感过滤假说"中早已指出学习者情感因素对语言习得的重要影响。教师应尽力降低学习者的习得焦虑感,良好的学习心态会让学习者更易接受知识的输入。

(3)教师设计"支架"应多从学习者角度入手,而非从语言点角度进行考虑。课堂教学中每一次"支架"的搭建,都可以由不同的语言形式来展现。如何让教学"支架"行之有效,并获得学习者的接受与认可,需要教师在备课时动用大量脑力进行设计。我们在研究中看到,C班教师采用"引起兴趣"支架的比例远高于A班教师,但两个班级学习者对此"支架"的认可程度却与教师使用比例恰好相反。这说明,量的提高不一定能引起质的改变。教师如何设计出最生动有效的"支架"是十分值得研究和深入的课题。从日常生活、新闻娱乐、文化活动等方面入手设计"支架",是一种显而易见的好方法,而注重语言内容与学习者的相关度也许更能引发学习者的学习

---

[1] S. D. Krashen. The Input Hypothesis: Issues and Implications [M]. London: Longman, 1985: 3.

热情。如，A 班教师曾采用"你去过苏州的哪些景点"来作为"引起兴趣"支架，而 C 班教师采用的是"你觉得苏州的园林怎么样"来"引起兴趣"。相比而言，前者更注意"支架"与学习者个人经历的联结，后者更注意"支架"与学习内容的结合。从实际教学效果来看，虽然两者都引发了学习者较高的学习参与性，但在学习者认可度方面，前者的语言形式受到了更多学习者的认可。因此，教师可尝试多从与学习者相关的内容切入，设计更易引发其共鸣的语言"支架"。

  本文通过对美国 CLS 项目听说课的调查，研究了教师课堂教学"支架"的使用情况及其对短期学习者语言习得成效的影响。我们发现，教师常用的"支架"构建策略与最终促使学习者水平提高的"支架"类型有所不同。如何协调"认知支架"和"情感支架"的使用比例，什么样的"支架"构建方式最具推动性，等等，都是我们今后可以继续深入研究的问题。本文的研究结果提示我们：成人的第二语言习得不可忽略情感因素，教师不可因为学习者主观认可而加大显性"支架"的使用比例。教师若能多从心理学角度深入分析学习者的习得现状，会对学习者达到"自我调节"的语言水平更具推动意义。

（本文原载于《云南师范大学学报》，2016 年第 1 期，有删改。）

论汉语词汇与构式的综合教学
——作为二语的汉语词汇教学的新思路

陶家骏　陆庆和

一、引言

近年来，构式语法（Construction Grammar）理论及其在第二语言教学中的作用越来越为学界所重视。

陆俭明指出，"构式语法理论提出了这样一种思想：'构式表示与人类经验有关的重要情景'，'是语言系统中的基本单位'。'构式本身也具有意义'，不同的构式有不同的构式意义；任何一个构式都是形式和意义的对应体"[1]。

陆俭明认为"构式语法理论"的价值在于：

第一，这种理论可以帮助我们解释一些先前不好解释或先前想不到去解释的语法现象。

第二，有助于我们进一步探索影响句子意思的因素，进一步探索句子意思的组成。

第三，有助于我们说明语言中各种不同句式产生的原因与依据——由于各个句式（即这里所说的"构式"）本身能表示一定的语法意义，所以为了表达的细腻，人们在交际过程中就不断创造新的表达格式，来满足表达的需要。

---

[1] 陆俭明. 构式语法理论的价值与局限 [J]. 南京师范大学文学院学报，2008（1）：142.

第四，可以避免将句式的语法意义误归到句中某个虚词上。

第五，更重要的一个方面，那就是将扩大我们语法研究的视野，引起我们对以往语言理论的新的反思和思考，开拓"句式"研究的新领域，从而将有助于人们把语言研究引向深入。[1]

陆俭明还分析了构式理论存在的局限性，并认为今后的研究目标是构建一个构式的网状系统。

苏丹洁、陆俭明针对存在句"NPL + V + 着 + NP"（如"门口站着三个孩子""墙上挂着两幅地图"）在第二语言教学中存在的问题，在人类认知和语言的共性基础之上，运用构式语法理论进行了语块的抽象语义分析。他们认为这一构式可以抽象为"存在处所—存在方式—存在物"[2]。他们还就汉语语法研究与教学提出了三个观点：

第一，语法研究、语法教学不能囿于"主—谓—宾""施—动—受"这一传统的句法研究和教学思路。

第二，在语法研究中要树立"从认知角度去认识语言共性和个性"这一观念。

第三，"构式—语块"分析法和教学法是一种新的补充性的句法研究与教学的理论和方法。这一方法建立在人类认知和语言的共性基础之上，在分析和教授一些汉语句式方面，优于传统的思路。[3]

陈满华在介绍了构式语法理论之后，提出要"树立二语教学的构式观"[4]。

戴曼纯则认为，语块、套语（即语块的另一种说法）[5]和构式

---

[1] 陆俭明.构式语法理论的价值与局限[J].南京师范大学文学院学报，2008（1）：145.
[2] 苏丹洁，陆俭明."构式—语块"句法分析法和教学法[J].世界汉语教学，2010（4）：559.
[3] 苏丹洁，陆俭明."构式—语块"句法分析法和教学法[J] 世界汉语教学，2010（4）：557.
[4] 陈满华.构式语法理论对二语教学的启示[J].语言教学与研究，2009（4）：64.
[5] 戴曼纯在其论文注②下说明："语块和套语在相关文献中被交替使用。本文的引文尊重原文的选择，原文用语块，本文引用时也用语块；原文用套语，本文引用时也用套语。但是，本文讨论倾向于使用语块。"

界定不明确,学习语块和构式仅仅是为语言系统添加零散的外围补丁,不一定有助于二语核心运算系统的形成。戴曼纯认为,"语块教学和构式教学都是补丁式教学,误导师生形成错误的语言学习理念,导致外语学习失败"[1]。

我们认为,戴曼纯主张的"词汇的正确运用还需要语法知识映射到词汇形态上"[2],确实是词汇教学中的关键,他的担忧也不无道理。不过我们认为,语块和构式教学在第二语言教学中所能起的积极作用还是不容否定的。只要我们能像陆俭明所说的,一方面注意吸取构式语法有价值的理论与方法,另一方面也看到这一理论的局限性,就不会出现他所说的消极结果。本文将试着就词汇与构式的综合教学在对外汉语词汇教学中的地位与原则问题进行探讨,希望能够起到抛砖引玉的作用。

二、构式与对外汉语词汇教学

(一)构式的界定

赵金铭以"汉语句法结构与对外汉语教学"为题,提出了"运用汉语词组进行初级汉语教学的构想"[3]。周健指出,"事实上,一个句子通常含有几个意群,这些意群或其中的固定结构都可以视为语块,但在教学中我们更关注的是那些构句性强的常用语块。因此,我们所界定的语块是一种经常出现在各类句子中的、具有构句功能的、比词大的单位"[4]。

从结构的角度看,我们将赵金铭所主张的"词组"分为两类:把不同类别的两个词语紧密相连的搭配称为词组(如"感兴趣"),

---

[1] 戴曼纯. 语块学习、构式学习与补丁式外语教学 [J]. 外语界,2012 (1): 52.
[2] 戴曼纯. 语块学习、构式学习与补丁式外语教学 [J]. 外语界,2012 (1): 54.
[3] 赵金铭. 汉语句法结构与对外汉语教学 [J]. 中国语文,2010 (3): 277.
[4] 周健. 语块在对外汉语教学中的价值与作用 [J]. 暨南学报(哲学社会科学版),2007 (1): 99.

把中间可嵌入词语的结构称为构式（如"对……感兴趣"）。后者显然更接近周健所说的语块。但与周健提出的观点不同的是，我们所说的构式也包括句式。比起前一类词组，后一类构式难度更大，却也更容易生成句子。

据熊学亮介绍，"构式"译自 construction，与结构（structure）不同，可能是从认识的视角更加关注其动感因素，如更注重小单位构成大单位的过程。[1]根据 Adele E. Goldberg 的新定义，所有的语言单位都是构式。熊学亮认为，维持该定义的办法，就是把构式进一步分析成有增效构式和无增效构式。[2]按照我们对其文章的理解，所谓无增效构式是原型构式，是词语常用语义的组构，如"吃面包"；而增效构式属于"语义组构乖戾"，如"吃父母"，它是在原型组构上产生的变式，其结构整体产生了新意义——依赖父母，即增效。[3]

目前中国国内学者运用构式语法理论研究汉语时，大多研究熊学亮所说的增效构式，而我们借用此理论和构式的概念则主要研究无增效构式，即常用构式。我们的研究重点是：外国学生在词语习得中，是怎么从习得的某个词语的小单位向大单位过渡的；在这一过渡中会产生哪些偏误（与其他词语或构式的混淆）；如何通过我们的系统教学，减少这类偏误，较为顺利地完成单、复句的正确组合。

（二）对外汉语词汇教学离不开构式

赵金铭指出："长期以来，在汉语作为第二语言教学中，比较重视语法教学，而在某种程度上却忽视了词汇教学的重要性，使得词汇研究和教学成为整个教学过程中的薄弱环节。"[4]

---

[1] 熊学亮. 增效构式与非增效构式：从 Goldberg 的两个定义说起[J]. 外语教学与研究, 2009（5）：324.
[2] 熊学亮. 增效构式与非增效构式：从 Goldberg 的两个定义说起[J]. 外语教学与研究, 2009（5）：327.
[3] 熊学亮. 增效构式与非增效构式：从 Goldberg 的两个定义说起[J]. 外语教学与研究, 2009（5）：327。
[4] 赵金铭. 从对外汉语教学到汉语国际推广（代序）[M]//孙德金. 对外汉语词汇及词汇教学研究. 北京：商务印书馆, 2006：13.

面对这一现状，学者们提出了一些观点和构想。陈贤纯提出"在词语教学中要利用类似、对比、联想、连接等方法，使词语进入网络"，对所要教的词语"按语义场进行分类，使每个词都进入一定的语义场"。[1]杨惠元提出"强化词语教学，淡化句法教学"的主张，他认为，"词语教学自始至终都应该放在语言要素教学的中心位置"，应以"大词法小句法"的做法（强调词语教学的重要性）来纠正以往的"大句法小词法"（强调句法的重要性，重视句子结构的讲解）的做法。[2]

这些教学方法与研究思路确实给了我们重要的启示，但我们不认同"碰到什么语法现象就教什么语法"或"淡化语法"的观点。因为这些主张忽略了以下语言事实：

第一，词语的使用不是孤立的，无论是虚词还是实词，必须按照一定的语法规则组成构式后才能表达具体的语义。

第二，经对中介语语料库中外国学生的错词偏误进行全面分析后发现，与构式纠结在一起的词语偏误占了相当大的比例，不仅初级阶段的学生如此，中高级阶段的学生也如此。

第三，从语言表达的角度看，与某个语义范畴相关的词组及构式大多是成系统的；与某个词相联系的不同构式，有的也是自成系统的。只是因为过去的词汇教学往往与构式教学分离，忽略了它们与构式的密不可分的联系，因而难以从词语的横向与纵向联系中发现其系统性。

现仅以"往+L（处所词）"为例，来说明词语的使用不是孤立的。齐沪扬在研究"把"字句中处所宾语省略现象时发现，在格式3"把+O+P+L+VR"（例如：把披风往身上一披。→把披风一披。→*把披风往一披。）中，介宾短语（往身上）必须一起被省略。他认为，"从语义上说，表示处所的已经不是L本身，而是

---

[1] 陈贤纯. 对外汉语中级阶段教学改革构想：词语的集中强化教学 [J]. 世界汉语教学，1999（4）：9.

[2] 杨惠元. 强化词语教学，淡化句法教学：也谈对外汉语教学中的语法教学 [J]. 语言教学与研究，2003（1）：37.

'P+L'这个介宾短语了"[1]。但是目前在讲介词"往"时,很多教师只是说明"往"是表示动作方向的,最多说明后面常带表方向的词语,而它与处所名词的组配,一般都不讲。与介词相关的练习,往往是用填写"往"这样单个的介词来巩固它的用法,而忽略了"往+L"这一词组在句中的重要地位。

至于因构式的混淆而造成的词语混淆,仅以介词"对"的偏误为例。在北京语言大学 HSK 动态作文语料库(以下简称"HSK 语料库")中,"对"的错词用例共 629 条,在所有的错词偏误中,高居第二位,仅次于"的"。经调查发现,"对"与"给"用法的混淆是介词"对"的偏误中频率最高的,占其总偏误的 37.2%。其中当作"给"而误作"对"的有 229 例。如果再分析一下偏误例中所出现的构式,则发现偏误数最多的是当作"给+N+带来+V/N"而误用作"对"的,共有 158 例,占 229 例中的 68.1%,其中"给+N+带来+影响"的共有 64 例,又占 158 例的 40.5%。请看下面的例句[2]:

(1)吸烟不仅{CJ+sy 是}[3]给{CC 对}[4]个人会{CJX}[5]带来不良影响,对公众利益也造成不好的影响。

(2)抽烟常常给{CC 对}人体带来恶性影响,特别是对肺肝的影响最大。

(3)另外,除了{CJX}吸烟对个人健康{CJ-wy 有影响}[6]之外,{CJ+zhuy 吸烟}[7]还会给{CC 对}社会带来较大的影响。

---

[1] 齐沪扬. 带处所宾语的"把"字句中处所宾语省略与移位的制约因素的认知解释[J]. 华文教学与研究,2010(1):53.
[2] 为了便于阅读,突出句中某个错词的情况,我们将 HSK 语料库中所引语料中原来对繁体字、错别字、标点误以及其他可能会产生阅读干扰的标记一并删去。
[3] {CJ+sy}:述语多余标记。
[4] {CC}:错词标记。
[5] {CJX}:语序错误标记。
[6] {CJ-wy}:谓语残缺标记。
[7] {CJ+zhuy}:主语多余标记。

上面的例句都有相同的特点，除"对"的偏误句外，其中还有另一个正确使用"对"的小句，这很可能使正确的"对"句影响到另一个"对"错句的产生。

我们以"带来一定/不良/较大/恶劣影响"为关键词语，在"北京大学现代汉语语料库"中搜索，统计例句数量如表1。

表1 "对 N 带来……影响"与"给 N 带来……影响"例句数量对照表

单位：句

	带来一定影响	带来不良影响	带来较大影响	带来恶劣影响
对 + N + ~	5	8	0	0
给 + N + ~	14	27	1	2

（4）禽流感对食品销售和餐饮市场带来一定影响。

（5）鉴于南部事态不稳，大批教师要求调离，泰国政府宣布大幅提高南部教师待遇，并由政府出资，允许教师携带枪支上班，此举虽立即引起广泛非议，担心会对学生带来不良影响，但也实属无奈。

（6）广大消费者也应担负起自己的社会责任，对那些给社会文化带来不良影响的企业文化现象进行抵制。

（7）陈春山在《春》书中故意使用杨秀英遗照替代妓女华文珏形象，严重侵害了杨秀英的名誉权和肖像权，给其亲属带来不良影响和精神压力，应承担侵权的民事责任。

（8）国家一级通信干线的光缆突然中断，将给通信工作带来严重后果和恶劣影响。

上面例（4）（5）使用了"对……带来影响"，例（4）是很客观的叙述。例（5）虽然说明有非议，但作者又说"实属无奈"，采取的是中立的立场和态度。例（6）（7）（8）使用了"给……带来影响"，可以明显地看出说话者的立场与态度。而上述 HSK 语料库偏误例（1）(2)(3)中的作者态度都很明确，反对抽烟，所以用"给"比用"对"更符合作者的意图，更得体。

　　从词语的复现率看，"对"与"给"在任何汉语教材中复现率都是很高的（包括学生自己的书面作业和作文）。为什么到了中高级阶段还会反复出现混用的偏误呢？如果从教学上找原因，不能不归结为我们对这些难点词缺乏更仔细深入的研究，教学的处理过于简单（往往初级阶段教一次就结束），也缺乏层次性和系统性。

　　为了说明构式在词汇教学中的重要性，再举介词"在"与"从"的混用偏误为例。在 HSK 语料库中，当作介词"从"而误作"在"的有 105 例，当作"在"而误作"从"的有 45 例。这是我们始料未及的。仔细分析这类中介语语料，发现"在"和"从"都可与处所名词组成介词词组或语块，如从这类"近词搭配"（即距离相近的词的组配）的内部结构上看，都是"介词 + NL（处所词）"，十分相似。但是，可以出现在这两个介词语块后面的动词（即"远词搭配"）是很不一样的，学生忽略了这一区别，就产生了下面的偏误：

　　（9）在 {CC 从} 边上的小路上，老爷爷们看舞蹈，老婆婆们刺绣。

　　（10）在 {CC 从} 很好的家庭成长的孩子，一般性格比较好，因为他天天所受到的影响就是这样好。

　　（11）我觉得所有的人都从 {CC 在} 自然来到现在的世界……

　　（12）走在街上，我们时常看到吸烟不停的人们从 {CC 在} 我们身边走过，留下一种令人恶心的烟草味。

　　（13）我们也可以从 {CC 在} 各种各样的报道中知道，吸烟对青少年发育的恶劣影响。

　　（14）从 {CC 在} 弟弟的话中，我感觉到了他的成长。

　　类似的偏误在我们调查的中介语语料中大量存在，这类事实促使我们反思，作为二语的汉语词汇教学是否应从总体上做一个大的改变?

(三) 从构式角度看汉语习得偏误的四类现象

Adele E. Goldberg 在《构式：论元结构的构式语法研究》中指出，在很多专家的著作中，"含有相同词项的不同句法构式在意义上的系统差别已经受到重视"。她引用了 Bonlinger 的结论，"句法形式的不同总是意味着意义的不同"。她把这一结论称为"语法形式无同义原则"[1]。

我们认为，这一原则对我们分析汉语的构式与词汇的密切关联很有指导意义。

从构式的角度观察外国学生的偏误，我们发现有以下几种现象值得研究：

1. "近构异词"现象

即上文所举"在"与"从"搭配形式相似而意义不同的现象。

2. "同词异构"现象

曾有几位高级班的日本学生问过笔者，下面的句子有何不同：

（15）我给你借书。
（16）我借给你书。

两句所用的词语是相同的，只是词语组配的顺序不同。但语义有明显的不同，例（15）是"我为你借书"，"你"是"我借书"这一动作的受益者；例（16）中的"你"是"借"动作的终点，书最后经"借"的动作到了"你"的手上。但日本学生看不出它们的差异。汉语中这类现象不少，而且极易产生混淆。

如果以某个词为中心，涉及的不同构式则更多了。以"朋友"为例：

---

[1] Adele E. Goldberg. 构式：论元结构的构式语法研究 [M]. 吴海波, 译. 北京：北京大学出版社, 2007：3.

（17）大哥，我们可以做朋友吗？

［N0（人）+做+N1（关系名词）：某人要跟某人结成朋友关系。概括的自主行为构式，"做朋友"表示有意识、有目的的行为。］

（18）小李是我朋友。

［N0+是+N1（关系名词）：某人跟某人是什么关系。表示关系的构式，用"是"。］

（19）大卫在中国交了很多朋友。

［N0（人）+交了+N1（关系名词）：通过"交往"的方式成了朋友。具体的自主行为构式，"交"比"做"具体。］

（20）我一直把他当作我最好的朋友。

［N0+把+N1+当作+N2（关系名词）：表示主观看法的构式。］

（21）经过这件事，我们成了很好的朋友。

［N0（人，复数）+成了+N1（关系名词）："成了"表示自然变成。"朋友"是结果。非自主自然生成构式。］

曾有好几个中级班的学生问过笔者，"交朋友"和"做朋友"有什么不同。中介语语料中就有因为不明上述构式的差异而产生的混用偏误。

如果按照传统的句式分析法，与"朋友"相关的句子一般是这样分析的：

例（17）（18）可以分析为：主语+谓语（动词）+宾语

［或：N0（表人）+V+N1］

例（19）（21）可以分析为：主语+谓语（动词）+了+宾语

［或：N0（表人）+V+了+N1］
　　　例（20）可以分析为：主语+把+介宾+谓语（动词）+宾语
　　　［或：N0（表人）+把+N1+当作+N2］

　　传统的句式分析法，在不少常用句式分析中很有用，比如对例（20）的分析。我们在对具体句子结构的分析时，同样要借助这一分析方法。不过，要想分清例（17）与（18）、例（19）与（21）的细微差异，传统的"主—谓—宾"的分析，就有些不够用了。上面例句括号内是我们从构式语法理论和认知语法的角度的分析，即从构式中心动词的语义特征及词语组配入手，说明其不同的语义、语法与语用特征。比起传统的句式分析法来，更加细致一些，在教学中可作为传统句式分析法的一种补充。

　　通过括号内的分析，学生可以明白"N0+做+N1""N0+是+N1""N0+把+N1+当作+N2""N0（复数）+成了+N1"等构式的特性。说话者想表达与"朋友"相关话题时，可以根据不同的目的，选用上面不同的构式。如能做到这一点，实际上就掌握了以"朋友"为中心的表达系统。

　　类似"朋友"这样表示人与人关系的词语还有"兄弟、姐妹、仇人"等。它们分别可以进入上述部分构式中。以"朋友"系联语义相近的成组词语，可以使上述构式与词语的综合教学，达到举一反三的效果。

　　3. "同构异词"现象
　　不论在实词还是虚词的教学中，都可以发现这类现象。词语组配的内部结构完全相同，仅是一词之差，如上文所举的"对"与"给"都与"带来……影响"组配之例。这类现象分析下来，既有语义上的差异，也有语用上的差别，而后者是我们词汇教学中的薄弱环节。下面再举一例，学生在用"成功"一词完成"只要你努力……"的句子时，造出了下面四个合理的句子：

（22）只要你努力，你就能成功。
（23）只要你努力，你就可以成功。
（24）只要你努力，你就会成功。
（25）只要你努力，你就可能成功。

上面四句结构相同，却用了四个不同的助动词，在主观性和语气上有着细微的差异。陆庆和、杨晶淑研究发现，这一组词语在表示共同的"可能"范畴上呈现出系统分布。从主观性和语气的强弱来看，呈现出下面的序列：

能（语气最强，有客观依据）＞可以（语气次强，有客观依据）＞会（语气较弱，仅凭主观看法）＞可能（语气最弱，仅凭主观看法）

因此，当说话者以动作主体（你）为视点，认为"你"自身的能力很强，给对方以充分的鼓励时，应该选择"能"；而觉得对方自身的能力是有的，但稍弱一点，就用"可以"。当说话者以听者的"你"为视点，主观上想给他打气，就用"会"。当说话者对自己的结论并不是十分自信，就用"可能"。[1]

笔者曾让中级第二阶段的学生讨论这四句话的差异，除少数语感较好的学生觉得"能"语气最强外，绝大多数学生认为"会"语气最强（因为在表达"可能"的句中出现频率最高）。这说明这类"同构异词"的辨析对纠正学生理解上的偏差也是有好处的。

这四词在同一构式中的使用，反映了汉语表示"可能"范畴的语义语用系统。因而，这类知识对学生选词造句是十分有用的。教师可进一步说明，像"赢、找到、达到（目标）、通过（考试）、发

---

[1] 陆庆和，杨晶淑. 从韩国学生的偏误看汉语助动词的研究与教学——以"会、能、可以、可能"为中心 [Z] ∥ "第四届韩汉语言对比国际学术研讨会"会议论文. 2009.

现"等表示积极结果或目标的词语都可以替换"成功",进入这类构式中。这样,学生就可以根据自己表达的需要,反复加以使用,巩固上述词语与构式的知识。

4. "同义异词异构"现象

孟柱亿指出,"汉语中有'为''为了''为了……而''为的是/是为了''以''以便''用以''借以''好''好让''以免''免得''省得''以防'等表示目的的标记成分"[1]。他在引用了李迎春的研究成果后指出,在说话人不强调其目的性时,更多情况下是与汉语中表示动作发生顺序的连动句式相对应。表示极强目的性的表达方式比较简单,而且具有明显的标志。韩国人对于表示极强目的性的汉语的表达方式轻车熟路,但对于表示一般的目的性或较弱目的性的汉语表达方式则显得生疏,因此不少学习者常常不恰当地将表示极强目的性的表达过度泛化。问题在于,"现在通行的汉语教学语法对这种差异几乎没有提到"[2]。

孟柱亿所指出的这类词语,有的属于"同构异词",如"免得、以免、省得"常出现在相同结构的句中,但它们与"为了、以便"则就属于"同义异词异构"。所谓"同义"是指它们同属"表示目的"这一语义范畴。将这一组词语归纳到一起,如能从语义、语法和语用特征入手加以全面分析,那么就能揭示出这一组词的系统性。

从我们对中介语语料的分析结果看,上述四类与构式纠结在一起的词语混用的现象相当普遍。但以往的词汇研究对此类现象关注较少,词汇教学也很少有人提及,可这些却是学生们词汇学习的难点之一。其实,如果认真加以分析就会发现这类现象中往往隐含着某种语义或语用方面的系统性,或是二者兼而有之。我们如能把它们挖掘出来作为教学内容教给学生,就可以有效地提高他们运用词汇准确表达的能力——根据不同的语用目的,选择最恰当、最得体的词语和构式。

---

[1] 孟柱亿. 汉语教学语法描述的新构思[M]//周小兵,朱其智. 对外汉语教学习得研究. 北京:北京大学出版社,2006:33.

[2] 孟柱亿. 汉语教学语法描述的新构思[M]//周小兵,朱其智. 对外汉语教学习得研究. 北京:北京大学出版社,2006:31.

三、词汇与构式综合教学的必要性

（一）从语言表达和词语关联角度看词汇与构式综合教学的必要性

传统的对外汉语教学，一般都是以结构为中心，以句型与句式为重点，在初级阶段就将主要句法结构的内容教完。到了中高级阶段，则以扩大学生的词汇量为重点，很少顾及句法结构。由于把句法结构的教学与词汇教学割裂了开来，就造成了以下后果：一方面，初级阶段学生的词汇量难以扩大；另一方面，初级乃至中高级阶段的学生在表达中经常会出现构式方面的问题，使得他们运用词语组句成篇的能力很难有大幅度的提高。

有鉴于此，我们提出了新的教学思路——不管是初级、中级还是高级阶段的汉语词汇教学，都应以语言交际为目的，以词语为中心，紧密结合构式进行综合教学。

从语言习得的最终目的看，词汇的掌握是为了让学习者能够准确地表达他们的意旨。一般来说，学生能用所学的词语迅速组成符合语义和语法的句子，并能根据表达的需要，在几个基本同义的句式中选择最恰当、最得体的构式，是理想的词汇教学所希望达到的目的。要完成这一目的，围绕着交际话题，结合构式，按计划、分层次、有系统地向学生呈现常用的动词、形容词、名词、代词、介词、副词、连词、助词和数量词，应该是词汇教学的主要任务。

从语言表达的角度看，任何一类词语的使用，都不是孤立的。比如，动词和形容词的使用，必然会涉及与之密切相关的名词和代词，还有表示其各种关系、情态、时态、关联和感情的介词、副词、连词、助词、叹词等。而它们之间横向与纵向的关联则是通过一个个构式体现出来的。这一特点，在学习任何类词语的过程中都能体现出来，如学习名词"兴趣"，就会通过词组与构式的系联，涉及与它有密切联系的动词、其他名词、介词、副词等。学习介词

"跟",同样也必然会涉及与之组配的名词、动词、助动词等。当学生学习了基本词汇和基本构式后,以所学的新词为中心,系联相关的词组与构式就变得更加容易起来。这时,与该词义近、形近、用法相近的词语,往往会进入学生使用的范围,在混用的偏误中时常可以看到它们的身影。因此,在这一阶段,除了上述以某词为中心的纵向系联外,还要注意更深入的横向系联,即对与所学词语相关的"同词异构""同构异词""近构异词""同义异词异构"的归纳整理与辨析。不仅关注构式结构的组成(这是必须和必要的),更关注构式的语用特征。换句话说,通过我们的教学,学生能够尽量明白,当完成某个交际任务时,不仅要知道应该使用哪个词或短语,而且还要知道跟它相关的构式有哪些,选择哪个构式最为得体。总之,通过这样的教学,学生逐步在脑中形成系统的、便于提取的词汇网络,而这样的网络往往是与汉语系统的构式网络连接在一起的。

(二)从外国学生词汇习得阶段性特征看词汇与构式综合教学的必要性

以上从语言表达和词语关联的角度说明了为什么要把词语教学与构式教学结合起来。此处再从外国学生汉语词汇学习的阶段性特征与他们中介语词汇系统形成的纵向发展来说明这一做法的必要性。

洪炜、陈楠通过选词填空、难度自评及访谈的方式考察汉语二语者对相近义项差异和不同义项差异的习得情况,结果发现,初级水平学习者主要是通过母语或外语对译词来建立近义语义关系的,他们基本未习得这两类近义词的差异;到了中级水平阶段,学习者对两类差异的习得成绩均有显著提高,特别是对不同义项差异的习得有较大幅度的提升;进入高级阶段后,学习者对两类差异已基本习得。实验结果说明,汉语二语学习者起初可能是以词条为单位构建近义语义关系的,随着语言水平的提高,学习者才逐步建立起以义项为单位的近义语义关系。[1]

洪炜、陈楠的研究对我们了解初中高水平的学生在词汇学习认知方面的不同有很大的帮助。我们通过观察、调查与访谈发现，如果从词汇学习发展的角度观察汉语二语学习者的词汇学习，情况大致有以下几种。

1. 初级阶段

在汉语学习的初级阶段，学生的母语词汇系统在他们的脑中占主导地位，这一系统对学生的汉语词汇学习经常产生干扰，正面干扰与负面干扰都有，但负面干扰更大些。这个阶段的汉语词汇习得是分散的。学生理解和使用汉语词汇主要借助母语。洪炜、陈楠的研究说明，这个时期的学生可能是以词条为单位构建近义关系的。词语与词语之间、词语与构式之间尚未建立起有机的、稳固的联系。借助母语词典理解和运用汉语词汇是这一阶段学生主要采用的方法。

笔者曾请一位韩国研究生回忆了她在初级第一层次时，在造句、作文时的困难主要是什么。她说，这一阶段的造句、作文一般都离不开母语词典。心里想说什么就根据母语的意思查到对应的汉语词，然后利用仅有的一点点句法知识来勉强造句，所以有不少句子是比较牵强的。表达中有词语方面的问题，而与构式、与句式纠结在一起的问题所占的比例也很大。

此外，我们曾在我院三班（多为学过一年多汉语的学生，属初级第三阶段），就"你作文时感觉最难的是用词还是造句?"做过调查，97%的学生选择的是"造句"。有学生还用母语做了解释："有想说的，但是不知道该用什么样的句子来表达。"根据我们对我院学生作文的分析来看，比起中级水平的学生，初级水平的学生与语块、构式（包括句式）的组合纠结在一起的词语偏误比率更高一些。

2. 中级阶段

到了汉语学习的中级阶段，学生已掌握了一定数量的汉语词汇，

---

[1] 洪炜，陈楠. 汉语二语者近义词差异的习得考察 [J]. 语言文字应用, 2013 (2): 99.

有些同义词、近义词及反义词已开始在他们的脑中建立联系，有清晰的，也有模糊的。形成的心理词典的网络是较为粗略的、不完全的，有不少缺位。那些已内化为学生积极词汇的词语（即常主动加以使用的），有的结成了词语的集块——因语义或用法相近而纠结的词语子集，但界限模糊不清。这时的学生对一些日常生活中频繁出现的最基本的构式（包括句式）能够加以运用。

然而，随着学生所学词汇的不断增加，将上述构式结合更多的新学词语熟练而准确地加以运用，并非易事。因为尽管这一阶段学生的词汇量增加了，但不少人脑中的词语是缺乏条理、散乱无章的，于是各类词语偏误便多了起来。为了减少用错的概率，在表达中，很多学生倾向于选择熟悉的旧词，而不太会有意识地使用新词，有的甚至回避使用新词。这样，积极词汇量的增加就比较缓慢。有些学习能力强的学生会将所学词语归纳成集、成块，在脑中储存起来，但由于未加辨析，往往容易产生连带提取或混用的偏误。为了准确地表达自己的思想，他们对同义词、近义词的辨析十分看重，特别希望能及早分清这些词的异同，在脑中建立起较为清晰、有条理的词汇网络。学生的注意力已由初级班时对构式的重视转向对词汇的重视。这样，构式的学习速度与质量都呈现出下降趋势。

笔者的一位韩国研究生在旁听中级班的汉语课后，在词汇学习的调查表上写道："到了中级班，要扩大词汇量，但我更看重的是对已学词语的整理与辨析。因为随着所学词语的增多，脑子里会发生混乱。如果不加整理，就容易出现混淆，特别是义近或形近的词语。"

这一阶段学习者汉语心理词典网络的形成是复杂的、渐进的。一般来说，当学生的词汇量达到一定程度（2 500 个左右）后，上述希望分清易混词（义近、形近或者用法相近）的异同，将所学词语系统化、网络化的意识就会变得日益强烈。这一阶段学习者的汉词词汇还远远谈不上系统，即使有，也还属于中介语系统——其中既有接近汉语本身词语系统的部分，也有因理解使用的偏差造成的中介语部分，甚至还有化石化现象（如经常出现副词语序偏误，在形容词谓语句后多用"的"或多用"是"等）。

3. 高级阶段

到了高级阶段，学生脑中的词汇已达到相当的数量（5 000 个以上）。他们运用不同构式进行表达的能力已大大提高，对于一部分常用的同义词或近义词的差别已较为清晰，但还有相当数量的同义词、近义词子集需要加以整理、归纳。这个水平的学生已具有一定语感，具有对汉语语境的分析能力——能借助语境，借助一定数量的例句对某个词语使用的特定语境和限制加以推测。使用词语模仿造句的能力、见词联想其他词的能力与创造运用词语的能力也越来越强，同时也开始关注词语的文化含义。高级水平的学生不再满足于一般的日常生活的交流，转而追求更加复杂、精准和得体的表达。在表达中选择哪一个构式或在相同构式中选择哪一个词语更能准确地表达自己的意思，成为这个阶段学生关注的重点。

因此，作为汉语教师，重要的任务是如何引导学生将所学的词语加以整理、分析、辨析，从无条理、不系统的状态努力向有条理、成系统的状态转变，帮助他们逐步建立起越来越细密的词汇网络，能够较为自由地从网络中提取词语，组成构式和语段，流利地进行表达。

洪炜对外国学生汉语二语近义词语义差异与句法差异的习得进行了研究，他通过句子接受度测试和选词填空测试的实验调查发现：

第一，从习得的整体质量来看，二语学习者对近义词句法差异的习得好于对语义差异的习得；而在各种句法差异中，凸显度较高的差异点的习得又好于凸显度较低的差异点。这说明差异凸显度是影响二语学习者近义词习得的重要因素，差异凸显度越高，习得越容易。

第二，从习得的纵向过程来看，句法差异习得早于语义差义习得。初级水平阶段，学习者更多地习得句法方面的差异，随着汉语水平的提高，句法差异和语义差异的习得差距逐渐缩小，学习者不仅能依靠句法线索区分近义词用法，而且能通过上下文语境等对语义差异进行区分。

第三，不同教学阶段的辨析重点应有所不同。初级阶段应侧重从句法线索上引导学习者区分近义词，随着学习者语言水平的提高，教师应设法通过大量输入，创造典型语境引导学习者逐渐掌握语义上的细微差异。[1]

洪炜的研究结论，在习得事实方面为我们上述的指导思想（将构式与词语教学结合起来）提供了有力的根据。与他观点稍有不同的是，词汇与构式的综合教学，不仅在初级阶段是十分重要的，而且在中高级阶段也不应减弱。他所说的"通过大量输入，创造典型语境"的做法，在我们看来，同样要借助词语与构式的结合。因为到了这一阶段，学生有关构式和词语语义的理解力都大大提高了，这样就可以经常结合能凸显词语差异的构式进行词语辨析。换句话说，讲词与辨析均"词不离句"，这样的做法一方面有利于提高学生通过构式分析词语使用语境的能力，另一方面因耳熟能详，对他们的成句能力的提高也有促进作用。

四、词汇与构式综合教学的原则

我们所主张的词汇与构式的综合教学与以往的"以句式为中心"的教学是有区别的。这一教学模式主要强调以下几个原则。

（一）教学目的是让学生根据表达的需要，能用构式串联起成组的词语（而不是一两个孤立的词语）

这既是教师教学的重点，也是学生记忆和运用的重点。换句话说，通过教学的层层推进，反复滚动，学生可提高运用一个个构式把所学的词语系联起来的能力。如果他们掌握了成组词语可以进入的通用构式，就能起到举一反三甚至举一反十的效果。

构式的教学实际上包括两类：一类是通用的构式；一类是有特定语用意义的构式。我们主张这两类构式都该教。当然，后一种构式的数量相当大，如何取舍，同样应以表达需要和词语的运用为标准（表达上是否不可或缺、是否是某类高频词的重要表达式等）。

---

[1] 洪炜. 汉语二语者近义词语义差异与句法差异的习得研究 [J]. 语言教学与研究，2012（3）: 25.

总之，不管是通用构式还是特殊构式都是着眼于词汇的系统教学的，即构式的学习必须要结合不同的词语子集来教。教与学不仅要关注语法上的组合关系，而且要关注哪些词能与所教的构式一同出现（聚合关系），哪些不能（限制条件）；并且随着学习的深入，要将相关的词语子集有计划、分层次、循序渐进地加以讲授，这包括新词语教学时，将学过的相关构式螺旋式复现的"温故引新"。在中高级阶段将已学的常用词语成组、成类地归纳在一起，结合构式进行系统的梳理。故我们所主张的词语与构式的综合教学比起传统的句式教学更加注重成组或整个小类词语与相关构式的共现，随着学习层级的提高和相关新词的学习，分层次复现，形成系统的学习。同时，也更关注相同构式中不同词语的选择与离析，即既有词语的整合系联，又有词语子集内部的辨析分别。

(二) 词语与构式的综合教学必须打破不同词类的界限

教学的重点不是单个的词，而是由属于不同词类的词构成的构式或语块，即学生一开始接触的（阅读、记忆与操练的），由词语与构式相结合的成组成块的语言单位。"词不离句""突出整体，注意细节"，是这一教学模式的特点。这样的教学，旨在使学生在大脑中逐步形成以"构式为纲，词语为目"的有组织的网络和板块。我们主张"以用法为中心，以词组、语块为单位"，这意味着不仅要把以动词或形容词为谓词的相关构式教学作为重点，同时也必须关注各类构式中其他词类（如副词、介词、助词、代词和连词等）的使用。

(三) 根据学生词汇习得中出现的高频偏误，确定教学重点

为了让学生更容易明白构式对所组合的词语的要求，我们对构式的界定与划分这一较传统的句式教学更加细化。在讲授中，教师跳出传统的粗线条的"主—谓—宾"的分析，更加注重常出现的构式的语义、语法和语用特征。构式的说明与教学也着眼于语用，尽量凸显词语标志性特征和差异性特征。

"以句式为中心"的教学理念一般是以句式的结构为中心，构式

的语义和语用讲得很少或不讲。因此不少学生虽然会按照教材或教师所讲的结构模仿着组词成句，但不知道什么时候、什么场合使用该构式，其结果就是学生所造的句子虽然从语法和词法上看没有问题，但不得体或不得当。如笔者曾问过我校的一位美国学生："你最近过得怎么样？"他回答："我学得很认真。"还有的学生觉得教室里有点热，便对教师说："老师，把空调打开！"他们说的句子语法没有错，但不得体。在初级阶段最初学习基本构式时，教师就应强调词语使用的语义类别与构式的语用特征，到中高级阶段还应加以系统的整理与比较，还可以适当地结合语用偏误加以说明。

（四）重视学生词汇习得中与构式相关的词语偏误

如前文所述，在对外国学生词语偏误全面调查的基础上，我们发现，外国学生的与构式相关的词语偏误主要表现在以下四个方面：

（1）"同词异构"现象：这里的"词"既可指一类词，也可指一个高频的、常用的实词或虚词。据调查，以同一词语构成的不同构式，不仅在语义上是不同的，而且从语用的角度也常能看出其系统性特征。

（2）"同构异词"现象：相同结构，但换用成不同的词（一般是同一小类的）都是合理的句子，有的换用区别明显；有的换用仅在语用上有微小的差异，而这种差异往往体现某种系统的分布。

（3）"近构异词"现象：从表面看，两个或两个以上的构式很相似——内部构成有相同的成分（词语），也有不同的成分（词语），粗看很相似，但实际上它们不仅在语义、语法上存在着差异，往往在语用上呈现出系统的分布。

（4）"同义异词异构"现象：这是指有同义或近义关系的异词异构，常有两种表现形式：

第一种是一组词语都可以用于同一个大的语义范畴之中，在构式上存在着或多或少的差异，在语用上也有细微的不同（如前文提到的可以表示同一"目的"义的十几个标记性词语）。

第二种是有些近义词语有时可以进入同一构式（难以分清其语

义差异),但有时构式却可以将它们区分开来——有的词可进入,有的词则不能("感到""觉得""感觉"等)。这种构式中的不同词语往往承担着不同的语用功能,隐含着系统性的特征,而以往的词语辨析往往只从语法规则的角度加以说明,忽略了对其中系统性知识的挖掘。

由于上面四类与构式相关的词语偏误主要是受目的语知识的干扰,极易产生混淆又难以辨析,因此我们在词汇教学中应把对它们的辨析作为重要的内容之一。

(五)把"纲举目张"性质的词汇知识放在词汇教学的首位

要想提高词汇教学的有效性,词汇的系统教学应该把"纲举目张"性质的词汇知识,即可以统领一组词或更多词语(词群)的、带有规律性和规则性的知识放在词汇教学的首位。

国家对外汉语教学领导小组办公室(2002)《高等学校外国留学生汉语言专业教学大纲》一年级语法项目中把各类词的词类知识列为重要的教学内容,从词汇的系统教学来说,这是很有必要的。但从学生学习的需要和词汇的系统教学看以及从"以词语为中心的构式教学"的角度看,大纲中的内容还显得比较粗糙。我们认为,若想熟练地运用常用构式遣词造句,不仅需要汉语的大类词知识(如动词、名词、形容词、副词、介词等),同时也要有与构式相关联的小类词语知识(通常是外国学生学习的难点)。就我们调查的范围看,目前通用的汉语教材对小类词的教学与归纳注意不够,这一缺陷,直接影响到学生词汇学习的系统性与有效性。卢福波在语法教学中谈到了动词的分类教学。[1]在分析说明与教学层次的安排上,这方面的工作还应更细致一些。这一教学思路可进一步推广至名词、形容词、代词及虚词等的分类教学中。

---

[1] 卢福波. 汉语语法教学理论与方法[M]. 北京:北京大学出版社,2010:28.

五、结语

一般来说，二语习得者要想真正掌握一个汉语词语，实际上要遵循以下的习得轨迹：

单个的词→词组（常以紧密相连的搭配形式出现，我们把它称作"近词搭配"）→构式（前后呼应的、中间有其他词语插入的结构及句式，我们有时又把它称为"远词搭配"）→组成完整的、具体的单句→复句→语段→语篇

我们认为，词汇教学的最终目的，不只是看学生学了多少词，而是要看他们能否将所学的词语正确地配成词组，结成句子，进而组织成语篇，能否进行正确、得体的表达。

如果从这个角度来看外国学生的词汇水平，大致可以分为三个层次：

第一个层次：词汇使用正确（符合规则）
第二个层次：词语运用连贯
第三个层次：词语运用得体

这三个层次实际上都需要语音、语义、语法和语用知识的综合运用，只是越到后来，要求越高。只要对外国学生词汇中介语语料多做一些调查分析就可以知道，第三个层次只是一个理想化的要求，一般来说能达到基本得体就已十分不易了。

本着上述思路，我们应积极吸收借鉴包括"构式语法"理论、认知语言学、认知心理学等在内的各种理论与方法，尽量把对词语的偏误分析放到构式、语段和语篇中加以考察，即不仅关注某词与易混词在词语搭配上的异同，而且关注与之相关的构式（包括句式）在语义、语法，特别是语用上的异同。有时还要从语篇的角度考察词语

的使用与选择,并尽量从系统性的角度去发现其中的特性与规律,促使我们的研究更好地服务于词汇教学,从而有效提升教学的质量和效果。

[本文原载于(韩国)《中国语文论丛》第 60 辑,2013 年 12 月,第二作者陆庆和为苏州大学海外教育学院教授。有删改。]

韩国学生连词"而"偏误分析及教学策略

陶家骏　李彦洁

一、前言

现代汉语中,"而"作为常用连词[1],语法功能丰富,用法多样。对外国学生来说,"而"既是必须掌握的连词[2],也是中高级阶段学习的难点。

笔者通过考察北京语言大学崔希亮教授主持开发的"HSK 动态作文语料库"[3]发现,使用连词"而"的记录共计 6 808 条[4],出现偏误 634 条[5],偏误率约为 9.3%;其中韩国学生使用"而"的

---

[1] 在根据国家语委大规模现代汉语平衡语料库统计而成的《现代汉语语料库词语频率表》中,"而"的出现次数排在第 28 位,出现频次为 0.2972%,在连词中仅次于"和"。
[2]"而"在新 HSK 词汇大纲中为四级词汇。
[3]"HSK 动态作文语料库"是母语非汉语的外国人参加高等汉语水平考试(HSK 高等)作文考试的答卷语料库,收集了 1992—2005 年的部分外国考生的作文答卷。截至目前,该语料库已收录语料总数达到 11 569 篇,共计 424 万字。
[4] 该数字是通过"HSK 动态作文语料库"的按词查询功能检索出的,并不精确,因为其中包含了不少诸如"……而言""总而言之""而已"等含有"而"的词语。因此,学生实际使用连词"而"的记录要低于 6 808 条。
[5]"而"的偏误数是比较多的。通常认为比较容易出现偏误的离合词,在"HSK 动态作文语料库"中所有学生作文的偏误总数为 86 个(所涉为《汉语水平词汇及汉字等级大纲》中的所有离合词),数量远低于"而"。"HSK 动态作文语料库"中离合词的偏误数量,见白巧燕. 留学生《汉语水平词汇及汉字等级大纲》离合词偏误分析及策略 [J]. [韩国] 中国语文论丛,2010,30: 38.

记录共2 169条[1]，出现偏误228条[2]，偏误率约10.1%，相对较高。

目前学术界和教学单位对连词教学问题的重视明显不足，集中地针对某个国家学生使用具体连词的偏误研究则更少，目前可以看到的对韩国学生具体连词使用情况的研究是对"还有"的偏误分析。[3]

随着对外汉语教学事业的不断发展，相关研究也必须不断深入和细化，针对不同国家的不同情况开展"国别化"教学已然成为学界的共识。本文将通过搜集"HSK动态作文语料库"中韩国学生使用"而"的偏误，对其进行系统分析，找出干扰韩国学生正确使用"而"的因素，以期对相关教学与研究有所裨益。

二、偏误类型

通过对"HSK动态作文语料库"中的所有偏误进行细致的整理分析，我们发现韩国学生使用"而"的偏误可分为误代、误加和遗漏三大类。

（一）误代（substitution error）

误代是指在某个句法位置上用了一个不应该用的语言单位。"而"的误代偏误数量较多，总计118条，占偏误总数的51.8%。这类偏误可以分为两种：一是应用其他词但误用了"而"，二是应用"而"但误用了其他词。

1. 误用"而"的偏误

这类偏误表现为应该用其他词但误用了"而"，共有96条，可

---

[1] 韩国学生实际使用连词"而"的记录要低于2 169条。
[2] 通过"HSK动态作文语料库"检索系统可检索出韩国学生"而"偏误为236条，但笔者发现其中有3条是正确的，并非偏误，另有5条为错别字，故实际偏误数量为228条。
[3] 徐威. 韩国留学生使用连词"还有"的偏误分析及教学策略[J]. 北京大学研究生学志，2010（3）：59–70.

分为以下几类。

（1）连接并列成分时的误用。

1）应用"和"，有25条。如：

① 如果我们主动地关心挨饿的国家和｛CC 而｝[1]地方，帮助那样的人能解决粮食问题。[2]

② 在世界上有很多事情是不知应该怎么解决和｛CC 而｝处理的。

③ 非常巧的是今天作文考的题目是"一封写给父母的信"，所以我感觉有点儿兴奋和｛CC 而｝高兴。

2）应用"也"，有10条。如：

④ 为了报答他的关心，也｛CC 而｝为了我的未来，那天开始我把书当朋友，很拼命地学习。

⑤ 他们说的话既看不懂也｛CC 而｝听不懂，所以，我应当看翻译的电影。

⑥ 所以我不太懂乡村的具体生活方式，也｛CC 而｝不知道什么是真正的乡村生活。

（2）连接递进成分时的误用。

1）应用"而且"，有14条。如：

⑦ 您早就知道而且｛CC 而｝见过我的女朋友。

⑧ 我已经找到工作，而且｛CC 而｝工作了3个月多了。

⑨ 作为地球上的主人的人类，不仅有保护环境的责任，而且｛CC 而｝有着互相帮助、和平共处的任务。

2）应用"并"，有11条。如：

⑩ 当然，孩子也该知道并｛CC 而｝理解父母的心情、工作中的压力……

---

[1]｛CC｝：错词标记，用于标示错误的词。本文中所有偏误标记及其说明均来自"HSK 动态作文语料库"。

[2] 本文所引用的偏误例句都出自"HSK 动态作文语料库"，为尽量避免例句中的其他偏误给读者的阅读带来障碍，本文仅保留了涉及"而"的标注原貌，其他部分去掉了标记，并按标记进行了调整。

⑪ 市政府应该扩大此项措施实行的范围并 {CC 而} 坚持推行。

3) 应用其他词,有4条,分别是:

⑫ 这不但是做事的能力,也 {CC 而} 是他们的人格。

⑬ 有很多人像我这样,但还有些不仅喜欢歌曲,还 {CC 而} 更喜欢唱歌曲的歌星。

⑭ 我们是要国际化,世界化,我是个韩国人,更 {CC 而} 是地球人。

⑮ 但是,我们也知道在某一些地区,比如非洲大陆,不要说吃不起"绿色食品",就 {CC 而} 连一天一顿饭也吃不上——处于饥饿状态。

(3)连接承接成分时的误用。

1) 应用"来"或"去"[1],有9条。如:

⑯ 我很想我自己赚钱来 {CC 而} 减轻你们生活的负担。

⑰ 流行歌曲是代表一个社会的,为了目前的流行歌曲的大众化,社会和我们自身要共同努力去 {CC 而} 实现。

2) 应用"于是",有5条。如:

⑱ 乌鸦一听,认为是真的,于是 {CC 而} 以后就不唱了。

3) 应用"从而"的,有4条。如:

⑲ 此外,有关高级政府方面也应该更加努力限制吸烟者,从而 {CC 而} 保证长远的国家的未来。

4) 应用"就"或"然后",有5条。如:

⑳ 当时,姐姐生下孩子就 {CC 而} 回国了,没有人看食堂,我也没办法,请原谅。

㉑ 他们应该先把这些问题解决,然后 {CC 而} 慢慢地提高生活水平。

(4)连接转折成分时的误用。

共有6条,其中5条应用"但(是)",1条应用"却"。如:

---

[1] 这一类不是严格意义上的先后相承,但是后一动作行为是前一动作行为的目的,也可以看作是一种广义上的承接关系。

㉒ 我认为不挨饿是非常重要的，但 {CC 而} 不能忽视人的健康问题。

㉓ 还有古代虽然没有这样的科学物品，但 {CC 而} 人们都有人情味。

㉔ 所以我认为总有很大的可能孩子长大了兴趣有所改变，但这样深层面的人生态度却 {CC 而} 不会消失。

（5）连接修饰性成分时的误用。

共有 2 条，应用"也"。分别是：

㉕ 我还特别感谢您在那么艰难的时期也 {CC 而} 没有放弃我和我妹妹。

㉖ 可我觉得为了健康也 {CC 而} 不能挨饿啊！

（6）其他误用。

此外，还有 1 条无法归入以上类型的偏误。

㉗ 但是如果过多使用化肥，不仅有害健康，而且土地也会 {CC 而} 受化学污染。

2. 应用"而"的偏误

这类误代表现为应该用"而"但误用了其他词，共有 22 条，包括以下一些情况。

（1）连接意义相反相对或平等互补成分时的误代。

1）误用"反而"，有 8 条。如：

㉘ 老一代一般喜欢安定，而 {CC1 反而}[1] 年轻人喜欢改革、新方式。

㉙ 一般来说，人们很重视自己的财产、利益，而 {CC1 反而} 不太重视别人的事情。

2）误用"而且"，有 3 条。如：

㉚ 对一个外国人来说，学习汉语的苦处是写汉语，而 {CC1 而且} 乐处是听力。

---

[1] 当原文字数和改后字数不一致时，在 CC 之后加一个阿拉伯数字，表明改后的字数。例如，此处"而 {CC1 反而}"指错词"反而"改作一个字"而"。

3) 误用"而是",有3条。如:

㉛ 因为农业时代的父母一直跟他们的孩子生活,不出差,没有其他社会活动,而 {CC1 而是} 现代的父母两个人都参加工作,没有时间跟孩子沟通。

4) 误用"所以",有2条。如:

㉜ 生命只有一次,我自己的生命很重要,而 {CC1 所以} 别人的生命也同样重要。

5) 误用其他词语,有3条,分别是:

㉝ 总之无论什么办法都应该首先理解双方,并且相信对方而 {CC1 然而} 不注入自己的想法,多听对方的说法,努力尊重对方的观点。

⑭ 爸爸想:多攒点钱后再买车,而 {CC1 相对来说} 女儿想:我现在贷款买一辆吧,反正需要的,几年后买或者现在买都一样。

⑮ 我觉得不好分别吃"绿色食品"和不挨饿哪个第一位的,因为吃"绿色食品"是就自己的身体健康问题来考虑的,而 {CC1 还有} 不挨饿是人类一直以来的希望,所以这两个问题是不好分别的、非常重要的问题。

(2) 连接修饰成分时的误代。

误用表示因果关系的"所以"和"因而",有3条。如:

㊱ 这世界上有几亿人因为穷而 {CC1 所以} 吃不到东西。

㊲ 随着时代的变迁,我们常常看到 {CQ 因}[1]"代沟"而 {CC1 因而} 发生的问题层出不穷。

(二) 误加(addition error)

误加,是指句子、语篇中多了不应该出现的语言单位。"HSK 动态作文语料库"中韩国学生"而"的误加偏误,总计64条,占偏误总数的28.1%,可以分为以下几类。

---

[1] {CQ}:缺词标记,用于标示作文中应有而没有的词。在缺词之处加此标记,并在 {CQ} 中 CQ 的后面填写所缺的词。

1. 连接修饰成分时的误加

这类误加数量较多，有32条。

（1）连接表示原因、依据、方式、目的等成分时的误加，有22条。如：

㊳ 最近我们常常听到因父母和孩子的意见不一致，{CD 而}[1] 孩子杀害父母的报道。

㊴ 但是随着社会发展 {CD 而} 人的观念也有所变化。

（2）连接表示对象成分的误加，有4条。如：

㊵ 政府应该为极为贫穷的家庭 {CD 而} 想出办法，帮助他们。

（3）形容词修饰动词时的误加，有6条。其中5条都误加于"努力"和动词之间。如：

㊶ 我们应该互相合作，一起努力 {CD 而} 发展。

还有1条为：

㊷ 这样"代沟"问题容易 {CD 而} 自然解决。

2. 连接并列成分时的误加

这类误加有18条。如：

㊸ 老一辈呢，想一想自己小时候的想法，晚辈呢，应该了解自己的父母 [BQ,][2]{CD 而} 听一听他们的话。

㊹ 去年，结了婚以后，比起以前来，懂一些您对我们三个孩子的爱，有多么深 {CD 而} 多么高，才了解了您独身为了我们家庭牺牲那么多。

㊺ 为了我们 {CD 而}[BQ,] 为了保护美丽的环境，应该少用农药。

㊻ 这里我说的青少年包括中国人，{CD 而} 还包括韩国人，有可能会有其他国家的人。

㊼ 在一个地方讲究"绿色食品"，在另一个地方则面临着饥饿

---

[1] {CD}：多词标记，用于标示作文中不应有而有的词。把多余的词移至 {CD} 中 CD 的后面。

[2] [BQ]：空缺标点标记，用于标示应用标点符号而未用的情况。把 [BQ] 插入空缺标点之处，并在 [BQ] 中 BQ 的后面填写所缺的标点符号。

{CD 而} 和疾病，或者导致死亡。

3. 连接承接成分时的误加

这类误加有 7 条。如：

㊽ 考试结束以后，我马上给您打个电话 {CD 而} 告诉您，从今天起我当个好儿子。

㊾ 我找二哥商量我要休学一年［BQ，］{CD 而} 工作挣钱以后再复学。

4. 连接递进成分时的误加

这类误加有 3 条。如：

㊿ 而且在可以抽烟的场合我们曾看过很多的烟头，{CD 而} 空气也不好。

(51) 而对人来说地球只有一个，如果环境污染的话，不容易恢复。{CD 而} 地球不是我们的，而是我们的后代的。

5. 其他情况的误加

共有 4 条，分别为：

(52) 这不是懒惰 {CD 而} 造成的结果吗?

(53) 当时如果有歌手写关于自由的恋爱歌曲的话，就会 {CQ 被} 政府 {CD 而} 控制。

(54) 现在，我还常想起我以前的同屋，因为他对我的影响最 {CD 而} 最明显。

(55) 人有多少是不成问题，只不过大家合心 {CD 而} 协力起来，互相帮助而谋生的话，他们的生活肯定更愉快而丰富。

（三）遗漏（omission error）

遗漏，是指句子、语篇中少了必须具备的语言单位。“HSK 动态作文语料库”中韩国学生“而”的遗漏偏误，总计 46 条，占偏误总数的 20.2%，可以分为以下几类。

1. 连接修饰性成分时的遗漏

连接原因、目的、方式等状语时的遗漏，数量较多，有 38 条。如：

(56) 现在世界由于饥饿｛CQ 而｝死的人越来越多。

(57) 他们因饿｛CQ 而｝死多么可怜啊！

(58) 另外，如果我们为了挨饿的人不吃“绿色食品”｛CQ 而｝使用化肥和农药的话，肯定会破坏环境。

(59)｛CQ 因｝害怕饥饿｛CQ 而｝放弃吃“绿色食品”的情况是让人发笑的。

2. 连接相反相对成分或平等互补成分时的遗漏

这类遗漏偏误有 8 条。如：

(60) 吸烟是一点好处也没有的，是无利｛CQ 而｝有百害的。

(61) 人们的生命是很高贵｛CQ 而｝不能随便放弃的。

（四）偏误汇总表

表 1 至表 4 是“HSK 动态作文语料库”中韩国学生连词“而”偏误的汇总情况。

表 1　误用“而”的误代偏误　　单位：条

关系类型	并列		递进			承接				转折		修饰	其他	合计
应用词	和	也	而且	并	其他词语	来、去	于是	从而	就、然后	但（是）	却	也	会	
偏误数量	25	10	14	11	4	9	5	4	5	5	1	2	1	96

表 2　应用“而”的误代偏误　　单位：条

关系类型	意义相反相对或平等互补					修饰	合计
误用词	反而	而且	而是	所以	其他词语	所以、因而	
偏误数量	8	3	3	2	3	3	22

表 3　“而”的误加偏误　　单位：条

关系类型	修饰	并列	承接	递进	其他	合计
偏误数量	32	18	7	3	4	64

表4 "而"的遗漏偏误　　　　　　　　　　单位：条

关系类型	修饰	相反相对或平等互补	合计
偏误数量	38	8	46

三、偏误原因分析

通过对以上连词"而"偏误现象的梳理，我们发现导致偏误的因素很多，既有汉语本身的原因，也有韩国学生母语负迁移、汉语知识负迁移以及外部因素的影响。

（一）"而"的用法及相关偏误原因

"而"的语法功能非常丰富，可以连接各种语法单位，表示多种语义关系。韩国学生的偏误主要集中在"而"的两种用法上，即"而"所连接的前后两部分，从句法关系看，一种是并列平等的联合关系，另一种是前一部分修饰后一部分的状中关系。

1. "而"连接具有联合关系的成分

"而"连接句法上平等并列的单位，这些单位可以是词、短语，也可以是分句，前后两部分之间的关系主要有以下几种情况。

（1）相反相对关系。"而"连接的前后两部分要么在语义上相反相对，有转折的意味，要么在形式上是肯定与否定的关系。例如：

演艺圈是一个底部极大而顶尖极小的金字塔。[1]
当前生产任务的重心是恢复而不是发展。

一方面，语义上具有相反相对关系的两个部分，如果结构上相对复杂或者并不完全对称，一般都需要用"而"连接。偏误例⑩的"无利"与"有百害"在形式上"无"与"有"相对，结构上又不

---

[1] 本文中解释词语用法的例句均来自北京大学中国语言学研究中心开发的 CCL 语料库检索系统（网络版）。

完全对称，需要加上"而"，使语义连贯、语气通顺。

另一方面，表示相反相对时，"而"与"但（是）""却"等意思相当，但用法不完全相同。偏误语料中，表达转折意味时，与"而"混淆较多的分别是"反而""但是""而是""却"。这几个词都能表示转折，用法却与"而"有所不同。它们与"而"的差异在于：

"反而"表示"以某种行为或状况为前提，通常应当产生某种结果，可是实际上产生了相反的结果"[1]，同时作为副词，"反而"必须用在主语的后面。例㉘前后两句分别说明"老一代""年轻人"的不同生活方式，例㉙对比人们对"自己的财产、利益""别人的事情"的相反态度，前后两部分都不存在前提和结果的关系，不能用"反而"。

"但（是）"和"而"有时候可以互换，影响不大，不过，"但（是）"前面一般有让步的意味，且常常与"虽然""尽管"等相呼应，例㉒前一部分带有明显的让步意味，例㉓前面有"虽然"，所以后半句都应该用"但（是）"。

"而是"多出现在"不是……而是……"这一结构中，只能用在主语承前省略的情况下。例㉛前面没有"不是"，而且后半句有自己的主语"现代的父母"，并与前半句"农业时代的父母"进行对比，所以应该用"而"引出。

副词"却"与"而"一样，都可以连接相反的动作行为。但是，如果两个动作行为的主语不一样，只能用"却"不能用"而"。例如：

人虽少，当时的事情却不少。

例㉔前后主语不同，显然应该用"却"。

---

[1] 北京大学中文系1955、1957级语言班编. 现代汉语虚词例释 [M]. 北京：商务印书馆，1982：187.

（2）同等互补关系。"而"连接的两部分，意义一致或互相补充时，跟"和""又……又……"的意思相当。

在这一意义上，"而"最基本的用法是连接形容词。如：

　　毛特娜聪明而刻苦。

但是，其使用时也有一定的限制：一是"而"构成的形容词短语不能受"有点儿"的修饰，所以例③的"有点儿"后的"兴奋""高兴"不能用"而"连接；二是"而"一般不能连接两个分别带有程度副词修饰的形容词短语，因此例㊹"多么深""多么高"不能由"而"来连接。

"而"连接同等互补成分时，一般不连接名词短语、动词短语以及介词短语，这与"和""也"不同。"和"是最常用的连词，特别是体词性短语一般都用"和"连接，因此例①中的"而"应改为"和"。例②中连接动词也应用"和"连接。副词"也"可以加在后一分句上，连接前后有类同关系的动词短语、介词短语和分句，因此例④的两个介词短语、例⑤⑥的两个动词短语都应用"也"连接。例㊺中两个并列的介词短语不能用"而"相连，这里既可以删去"而"，也可以使用"也"来连接。

（3）递进或进一步说明的关系。"而"可以连接递进的两项，后一项是对前一项的进一步补充。

这一用法的"而"常常与"而且""并（且）"混淆。"而"表达递进意味时，一般较少连接动词短语，主要连接分句，后一分句常常带有主语，且大多与前一分句的主语不同。例如：

　　我们就是一群饥饿的狼，而可供我们食用的肉就那么几块。

"而且""并（且）"表示递进时则不受此限制。

例⑦⑧⑩⑪均是两个动词或动词短语相连，且共用一个主语，因此不能用"而",应该用"而且"或者"并(且)"。

此外,"而"表示递进时,后一分句一般是从相关方面进行说明或对同一问题的继续深化。例⑬⑭分别是从范围或者程度上进行的补充说明,应该用"还""更",不能用"而"。

(4)先后相承关系。"而"可以连接动词或动词词组,前后两部分在时间和逻辑上有先后相承的关系。但这一用法属于古代汉语的遗存,保留在一些成语或固定用法之中,如"取而代之""战而胜之"等,现代汉语中"而"一般不能连接具有先后承接关系的动词或动词短语。

例⑱"认为是真的"跟"不唱了"之间除了具有承接关系以外,后一动作行为也是前一动作行为引起的结果,应该用"于是"。

例⑳"生下孩子"与"回国",两个动作行为也是先后相承关系,不能用"而"连接,为了突出前后两个动作行为之间没有停顿,可以改用"就"。

例㉑"把这些问题解决"与"慢慢地提高生活水平",也有时间上的先后,由于句子较长,有较大停顿,可用"然后"相连。

例㊽"打个电话"与"告诉您",例㊾"休学一年"和"工作挣钱",两个动词短语之间联系紧密,属于顺承关系,构成连谓句,不需要任何关联词语。

2. "而"连接句法上属于状中关系的成分

"而"可以连接状中结构,把表示目的、原因、依据、方式、状态的成分连接到动词或动词短语上。

(1)状语是表示方式、状态的形容词或动词。这种用法是从古代汉语中沿用下来的,多存在于一些固定词组中,如"相机而动""一哄而上"等,现代汉语中形容词或动词做状语时一般不能用"而"连接。例㊶中形容词"努力"可以直接修饰动词"发展",构成状中短语;例㊷形容词"容易"可以直接修饰动词短语"自然解决"。

(2)状语是由"为了、为、因为、因、由于、通过"等构成的介词短语。如:

这也是我到目前为止，为追求自己的“理想”而付出的最大代价。

例(56)(57)(58)“由于、因（为）”构成的介词短语做状语应该用“而”连接到动词上。

例(59)不但遗漏了“而”，前面也缺少了与“而”相呼应的“因（为）”等词。

例⑯⑰中误用“而”连接的两个部分，前一部分表示方式，后一部分大体上是前一部分的目的，但这两个部分都是动词短语，在句法上并非从属关系，前一部分也没有介词“因为、由于、通过”等，因此后一部分应该用“用在动词结构（或介词结构）与动词（或动词结构）之间，表示前者是方法、方向或态度，后者是目的”[1]的“来”或“去”。

（3）“而”在连接状语时，只能用于单句，表示原因、目的等成分时必须放在主语后面。例㊳㊴表示原因的成分都在主语的前面，因此既可以像语料库标注的那样删去多余的“而”，也可以将主语放在表示原因的状语前面，改为：

最近我们常常听到孩子因和父母的意见不一致而杀害父母的报道。

但是人的观念也随着社会发展而有所变化。

（二）汉语的相关特点及偏误原因探析

1. 关联词语或常用搭配丰富而灵活

在韩国学生“而”的偏误中，有相当一部分是关联词语或常见

[1] 中国社会科学院语言研究所词典编辑室．现代汉语词典［M］．7版．北京：商务印书馆，2016：772．

搭配使用不当造成的，学生常常因未能掌握关联词语或者固定搭配而导致偏误。

例如，例⑤前面已经出现了"既"，后面却误用了"而"，反映出学生没有掌握好"既……也……"这一固定搭配。例⑨⑫⑬的前一分句已经出现了"不仅""不但"，后一分句应该相应地使用"而且""也""还"，而不是用"而"。

"为了/为/因为/因/由于/通过……而"是连接状中结构的常用搭配，例㊺~㊾中"而"的遗漏与学生未能较好地掌握这种搭配有直接关系。

例⑮中"不要说"用于递进复句，后面常与"连""就是""就连"等呼应，这里学生显然未能掌握这种搭配，错误地使用了"而连"。

2. 相关的连词、副词等词义用法同中有异

汉语词汇丰富，表意细致，同一个词能表示多种意义，在表示不同意义时与另外一些词相同或相近却又不完全一样，虚词更是如此。如前文所述，"而"有多种用法，在表示转折时与"但（是）""却"意义基本一致；表示并列时，与"和""也"等意义相当；表示递进时，与"并（且）""而且"等意义基本相同。但它们之间又都不是完全对等的，构成了多组在意义用法上有交叉的易混淆词。

这时，如果加上词形接近，则混淆错用的概率就更高。例如"而"与"而且"，如前文分析的那样，"而"与"而且"在表示递进时基本一致又有细微差别，出现像例⑦⑧⑨那样递进意义时误用"而"的偏误实属正常。像例㉚那样将只能用于递进关系的"而且"误用来连接两个相反或相对的成分，显然与"而且""而"词形相近有极大的关系。同时，"而"与"而且"也是韩国学生"而"的误代偏误中唯一的一组双向混淆词，既有应用"而"却误用了"而且"的，也有该用"而且"却误用了"而"的情况。

这样的同中有异、异中有同的关系，给第二语言学习者带来了很大的困扰。韩国学生"而"的习得偏误中半数以上的误代偏误，正是这个原因导致的。实际上"而"的误代偏误既是"而"的偏误，

也是相关词语的偏误。

(三) 韩语负迁移的影响

第二语言学习者在学习外语时，一般都或多或少受到母语的影响，母语的负迁移也是导致偏误的重要因素。

1. 韩汉两种语言语法手段不对应带来的干扰

韩语与汉语属于不同结构类型的语言，汉语作为典型的孤立语，语法手段主要是虚词和语序，而韩语是黏着语，助词、词尾很发达。表达同一种语义关系时，两种语言的不同语法手段之间并不存在平行对应的关系。

小李是一个聪明而可爱的女孩。(并列，也隐含着进一层的意思)
(샤오리는 총명하고도 사랑스런 여자아이다.)
这儿的特产很多，而茶叶是其中最有名的。(递进)
(이 곳의 특산물은 아주 많은데, 그 중에서도 차 잎이 최고로 유명하다.)
我丈夫很喜欢打高尔夫球，而我一点儿也不喜欢。(转折)
(내 남편은 골프를 좋아하지만, 나는 전혀 좋아하지 않는다.)
老王最近正在为孩子的工作问题而苦恼。(修饰，即连接状语)
(라오왕은 최근 자녀의 직장문제로 고민중이다.)

从以上例句可以看出，"而"作为从古代沿用下来的连词，可以连接并列、递进、转折、修饰等多种关系的成分，韩语里没有可以与之直接对应的连词，而需要使用不同的连接词尾或助词，但这些连接词尾或助词的功能又往往超出了"而"在汉语中的作用。这时，如果韩国学生未能很好掌握"而"的用法，仅仅根据韩语词进行简单对译的话就会扩大"而"的用途，出现误用的情况。

韩语常用工具书在解释"而"的常见用法时，通常解释为"～하고""그리고""～지만"，其中前两者是最容易造成误解的，学生如果没有掌握"而"的用法，而将它们等同于"而"的话，那问题就很严重了。

韩语助词"하고"常用来连接并列的动词、形容词，口语里也可以用来连接名词，从意义上看，更接近"和"。与"하고"相比，"而"不能连接名词，也不能连接并列关系的动词，连接形容词时也隐含着更进一层的意思。

②在世界上有很多事情是不知应该怎么解决和 {CC 而} 处理的。
（세계에 많은 일들은 어떻게 해결하고 처리해야 할지 모른다.）[1]

偏误例②韩语句中使用"하고"来连接动词，学生不了解"而"的用法，没有注意到"하고"和"而"的区别，而是将两者简单等同起来，从而造成了这类偏误。

除了误将"而"与"하고"等词（"그리고"的问题详见下文）等同起来以外，汉语中同一个或一组虚词翻译成韩语时对应不同的助词和词尾，反过来韩语同一个连接词尾也可以翻译成不同的汉语词语，这也会导致学生出现偏误。

试看以下几个偏误：

⑯我很想我自己赚钱来 {CC 而} 减轻你们生活的负担。
（나는 스스로 돈을 벌어서 당신들의 생활부담을 덜고 싶습니다.）
⑰流行歌曲是代表一个社会的，为了目前的流行歌曲

---

〔1〕这里的韩语是我们根据偏误作者想表达的原意以及汉语的正确句子进行翻译的。

的大众化，社会和我们自身要共同努力去｛CC 而｝实现。

（유행가는 한 사회를 대표한다. 유행가의 대중화를 위해서, 사회와 우리는 함께노력해서 실현해야 한다.）

㊽考试结束以后，我马上给您打个电话｛CD 而｝告诉您，从今天起我当个好儿子。

（시험이 끝난 후에, 바로 전화를 해서 알려줄게요. 오늘부터 좋은 아들이 될꺼예요.）

㊾我找二哥商量我要休学一年［BQ,］｛CD 而｝工作挣钱以后再复学。

（나는 둘째형과 1년간 휴학하고 일을 해서 돈을 번 후 다시 복학하고 싶다고의논했다.）

汉语"通过……而……"（如：细胞通过分裂而增殖，韩语为：세포는 분열을 해서 증식한다）表示方式和目的关系的连谓句以及"来/去"连接两个动词短语等结构在韩语中往往用同样的连接词尾"하고"或"해서"来连接。因此，韩国学生混淆这几种形式，形成例⑯ ⑰ ㊽ ㊾这类连谓结构误用"而"的偏误也就很容易理解了。

2. 韩语汉字词用法的负迁移

韩语中有相当数量的词来源于汉语，也曾经用汉字来书写，但是这些汉语词的功能和用法与现代汉语又有所不同，韩国学生很容易将这些词的韩语用法带入汉语中来。如：

㊶我们应该互相合作，一起努力｛CD 而｝发展。
（우리는 서로 협력하여, 함께 노력해 발전해야 한다.）

㊽人有多少是不成问题，只不过大家合心｛CD 而｝协力起来，互相帮助而谋生的话，他们的生活肯定更愉快而丰富。

（사람 수에 관계없이, 모두 합심해 노력하고, 서로 도우며 살 길을 찾으면, 그들의 생활은 반드시 즐겁고 풍부해질 것이다.）

韩语中也有“努力”（노력）、“合心”（합심），一般后面加上“하다”构成动词使用，并使用“해/해서”来连接其他动词。韩国学生会把汉语的“努力”“合心”也当作动词，并将“해/해서”译为“而”，误用“而”将它们与后面的动词连接在一起，出现例㊶“努力而学习”、例(55)“合心而协力”之类的偏误。

3. 韩语频繁使用连接副词“그리고”带来的影响

“그리고”是韩语中极为常用的连接副词，汉语常译作连词“及”“和”“并”“还有”“然后”。由于“그리고”在日常生活中使用非常频繁，韩国学生容易将这种习惯带入汉语表达过程中。同时，不少工具书把“而”解释作“그리고”，这也会增加韩国学生误用“而”的概率。

㊻ 这里我说的青少年包括中国人，{CD 而} 还包括韩国人，有可能会有其他国家的人。

（여기에서 내가 말한 청소년은 중국인을 포함하고, 또한 한국인도 포함하며, 아마도 기타국가 사람도 있을 것이다.）

[“포함하고”是动词“포함하다”（包括）和“그리고”组合后的变体；“또한”意为“也”。]

㊿ 而且在可以抽烟的场合我们曾看过很多的烟头，{CD 而} 空气也不好。

（그리고 흡연구역에서 우리는 이미 많은 담배꽁초를 봤고, 공기도 좋지 않았다.）

[“봤고”是动词“봤다”（看）和“그리고”组合后的变体；“도”意为“也”。]

(51) 而对人来说地球只有一个，如果环境污染的话，不容易恢复。{CD 而} 地球不是我们的，而是我们的后代的。

（인류에게 지구는 오직 하나 뿐이고, 만약 환경오염이 된다면, 쉽게 회복되기 어렵다. 그리고, 지구는 우리의 것이 아니라, 우리의 자손의 것이다.）

例㊻后一分句明明已经使用了表示范围递进关系的“还”，又在“还”的前面使用了“而”，究其原因，对应的韩语句中有表示“也”的“또한”，同时又有“그리고”[动词“포함하다”（包括）和“그리고”组合后变作“포함하고”]，因此，学生感到“그리고”也需要对应的汉语表达形式，于是误加了“而”，形成了冗余性的偏误。

例㊿的情况也是如此，后一分句已经使用了“也”来表示递进的关系，不应该在句子开头再使用“而”。偏误的原因也是因为“봤고”是动词“봤다”（看）和“그리고”组合后的变体，学生语感上会误认为“그리고”也需要翻译出来，因此误加了“而”。

例(51)前后两个句子，第一个句子的开头已经使用了“而”，第二个句子的第二个分句的开头是“而是”，却又在这两个“而”之间，即第二个句子的第一个分句前面使用了多余的“而”。原因是因为韩语中这两个句子中间经常会使用“그리고”来连接，实际上可翻译为“还有”或者“并且”，而不是“而”。

值得注意的是，“그리고”在连接分句时汉语一般可以翻译为“还有”，但并不是所有的情况都应该译为“还有”。

㉟ 我觉得不好分别吃“绿色食品”和不挨饿哪个第一位的，因为吃“绿色食品”是就自己的身体健康问题来考虑的，而｛CC1 还有｝不挨饿是人类一直以来的希望，所以这两个问题是不好分别的、非常重要的问题。

（나는 ‘녹색식품’과 굶주림 중에 어느 것을 더 중시해야 되는 지 구별하기 어렵다. 왜냐하면 ‘녹색식품’을 먹는 것은 자신의 건강 문제 때문이고, 굶주리지 않는 것은 줄곧 인류의 희망이였다. 그리고 이 두 문제는. 구별하기 어려운 것이고, 매우 중요한 문제이다.）

例㉟“吃绿色食品”和“不挨饿”两个情况对举，应该用“而”，此时不能用具有进一步补充说明作用的“还有”。

以上是从韩语的特点及韩汉对比的角度对韩国学生"而"的使用偏误原因所做的一些分析,由于笔者韩语水平有限,分析中的不当之处在所难免,敬请专家批评指正。

4. 韩国学生汉语知识负迁移的影响

第二语言学习者在学习到一定阶段以后,语际迁移即母语的迁移会逐渐减少,而语内迁移则逐渐增多。语内的负迁移即目的语知识的负迁移,是学习者将学到的语言知识过度泛化,不当地扩大使用范围造成偏误。中高级阶段,学生在一定程度上已经掌握了"而"的用法之后,不当地将其用在本该使用其他连词或副词的地方,出现了一些替代性偏误,是过度泛化的一种表现。

更为突出的汉语知识负迁移体现在学生对成组关联词语和固定搭配的使用上。学生虽然已经记住一些常用的关联词语或固定搭配,但是不能灵活掌握,将其过度类推或泛化则会导致偏误。汉语的关联词语或固定搭配不仅数量多,而且使用比较灵活,往往某个词语不仅能与特定的一个词语搭配使用,还能与其他词语搭配,甚至能表示另外一种语义关系。学生常常在掌握了较为常见的"A……B……"结构后,再见到"A",就容易错误地将"B"用在本来应该是"A……C……"的结构中。比如"因为",最常见的用法是与"所以"搭配,用于复句中表示因果关系,但它又可以与"而"搭配,用于单句中连接状语与中心语。例㊱前面有"因为",后面本应该用"而",学生却使用了更为熟悉的"所以"。

学生掌握某种结构后也可能会错误地扩大该结构的使用范围,例㉕㉖㊵等,均是学生学习了"而"连接状中短语的功能后误将其用在不能使用的环境中,造成了偏误。

5. 外部因素的影响

连词"而"虽然是仅次于"和"的最常用的连词,但并非目前汉语教学的重点,因此,教师很少会系统地深入讲授"而"的用法,这显然不利于学生对于该词的学习和运用。

在第二语言学习中学生总会或多或少地借助工具书,不少学生看到生词就会查词典,然后通过母语来记住生词。根据笔者 2012 年 6

月对苏州大学海外教育学院的208位留学生的汉语词汇学习策略调查显示，采取"看到生词就查词典，通过母语记住生词"这一策略的均值为3.75（5分制[1]Likert-type量表），属于中等偏高频度；其中98位韩国学生在这一策略的均值为4.07，高于所有学生的均值，说明韩国学生更倾向于查词典，通过韩语来记忆生词。然而，目前韩国学生经常使用的韩语工具书对词语的意义和用法解释有时不够周严，会给学生带来误导。例如，很多工具书都说"而"可以连接动词或动词短语，并未加更详细的说明，这使得"而"的使用看上去似乎没有什么限制。实际上，现代汉语里"而"连接动词或动词短语时，在语义和语法关系上往往有一定的条件，常见的情况是语法地位平等、语义相同、相关或相反。而那些连接具有先后承接关系或者修饰关系的动词或动词短语的情况，通常是保留在某些成语或固定用法中的（如"战而胜之""呼啸而过"），在现代汉语中这种用法已经失去了活力。学生如果缺少教师指导，只是看工具书的话，就很容易出现偏误。

此外，我们的调查数据显示，韩国学生"通常使用有母语注释的纸制词典"这一策略的均值为2.27，"通常使用汉语注释的汉语词典"的均值为2.36，两者皆为低频度；而"通常使用有母语注释的电子词典"的均值则为3.87，属于中等偏高频度。可见，与纸质词典相比，韩国学生对使用电子词典更为热衷。电子词典使用非常便利，但较之纸质词典，在内容上往往更为简略，一般只列出义项和例句，因此，仅仅借助电子词典显然是无法帮助学生掌握"而"的正确用法的。

四、教学问题与对策

"HSK动态作文语料库"中连词"而"的偏误数量众多，这反映

---

[1]"5分制"具体为：1. 我完全不这样；2. 我基本不这样；3. 我有时这样；4. 我基本这样；5. 我完全这样。

出我们在对外汉语教学中存在着许多不足之处。本章将在分析连词"而"教学所存在的问题的基础上，探讨解决这一问题的途径。

（一）对包括"而"在内的连词教学给予充分的重视

虽然连词在语言表达中使用频率很高，正确熟练地使用连词是高水平汉语习得者的重要标志，但较之副词、介词等虚词而言，连词本身往往不是教学的重点，容易受到忽视。同时，在连词教学中，教师关注较多的是那些相对固定的搭配结构，对连词的一些基本用法反而关注不够。例如，目前的汉语教材往往对"因……而……""通过……而……"等这样的固定结构比较重视，但对"而"基本用法的讲解却比较简单，教师也往往在教学中一带而过，只做一些较为简单笼统的解释，这使得学生容易将"而"与其他连词混淆，从而造成偏误。因此，在观念上我们应重视包括"而"在内的连词的教学，改变过去轻视连词教学的状况。

（二）确立和突出"而"的一些教学重点

针对"HSK动态作文语料库"中较为突出的群组性偏误，我们认为对"而"的相关教学应该注意以下四个重点：

（1）要重视讲授"而"在连接并列、递进成分时同"和""也""并（且）""而且"的区别。

（2）要讲授清楚"而"连接表示原因、目的、依据等状语和动词时的用法，除了一些较固定的文言用法外，前面必须有"由于、因（为）、为（了）"等词相呼应，并且这些表示原因等的成分必须在主语的后面，同时，要提醒学生在这类句子中不要遗漏"而"。此外，教师最好把不需要使用"而"的情况也适时地教授给学生，比如表示原因等的成分在主语前或因果复句中都不需要"而"，避免学生出现相应的偏误。

（3）要注意对含有"而"的一些词语的讲授，如"反而""从而""然而"等，让学生明确它们同"而"的差异。

（4）要特别注意对关联词语常用搭配的教学，避免学生出现类似"虽然……而……""不但……而……"这类误用关联词语搭配的情况。

（三）注意采取合理的教学方法

汉语连词众多，相互之间往往存在着交叉、互补的关系，有其自身的系统性，因此，汉语连词的习得往往不是孤立的，在进行"而"教学时，要注意采取合理的教学方法，避免"孤立"教学。教师在了解汉语常见易混淆词的背景下，在教授某一词语的用法时，注意联系学生已经学过的词语，进行回顾与对比，既可巩固学生已经学过的知识，又能加深学生对新知识的理解。比如，学生最先学习的连词是"和"，到一定阶段时又学习了"而"，这时需要适当地将"而"与"和"的用法进行辨析讲解，一方面能够巩固学生对"和"用法的理解运用，另一方面也能使学生对"而"的用法有更清晰的把握。

讲授词语特别是虚词用法时，要综合运用多种方法，如果仅是简单地运用同义词、近义词互释的方法，把"而"讲解为类似汉语其他的某个连词或韩语某个连词的话，很容易造成学生的误解。较为合理的方法是列出使用"而"的一些典型例句，并把易与"而"混淆词语的例句也一并展示出来，学生通过例句去体会琢磨"而"的用法及其与其他连词的异同，培养其语感。同时，"而"在书面语中使用频率极高，使用"而"往往能使表达更为简洁明了。因此，教师要鼓励学生在作文等书面作业中使用"而"，从而加深和巩固学生对"而"的理解和掌握。

（四）改进和完善教材和工具书

当前的对外汉语教材和工具书对"而"的注释、讲解大多比较简单，往往不够到位。例如，笔者所见大部分中韩词典中都使用了"战而胜之"这一例句，如前文所述，这实际上属于古代汉语的遗存，在现代汉语中"而"一般不能连接具有先后承接关系的动词或动词短语。工具书应对此予以特别说明，否则，韩国学生很容易根据"战而胜之"类推，造成用"而"连接动词或动词短语的偏误。

此外，教材和工具书在辨析词语时往往从经验出发而非从偏误统计入手，比如大多数工具书在解释"而"的时候，辨析了它与"但是""而且""却"的差别。实际上，就笔者统计的韩国学生偏误情况来看，混淆"而"与"但是"的只有 5 例，混淆"而"与"却"的只有 1 例，这都不是特别容易混淆的词语；与此同时，"而"的有些数量较多的误代偏误，教材和工具书却很少或者并未加以辨析，如"而"与"和"（误代偏误 25 例），"而"与"也"（误代偏误 12 例），"而"与"并"（误代偏误 11 例）等。如果能够科学地利用偏误统计的数据，通过中韩专家协作，编写更准确的、更有针对性的教材和工具书，就能够帮助学生有效减少偏误。

五、结语

以上是我们对"HSK 动态作文语料库"中所有韩国学生连词"而"偏误情况的考察和分析。"而"的偏误可以分为三大类：误代、误加和遗漏，其中误代又可分为误用"而"的误代和应用"而"的误代。从偏误率来看，误用"而"的误代偏误率最高，其次是误加，然后是遗漏和应用"而"的误代，其中存在不少群组性偏误。导致学生偏误的原因有汉语本体的因素，同时也有母语负迁移的影响，据此笔者提出了相应的教学对策。我们希望，类似的研究能够有助于解决汉语疑难词语的教学问题，提升对外汉语教学水平，从而推动对外汉语教学事业的迅速发展。

附记：本文的写作得到了韩国友人杨晶淑女士，又松大学文大一、林娟廷二位博士以及忠南大学吴锦姬女士的支持和帮助，谨致谢忱！

［本文原载于（韩）《韩中言语文化研究》第 33 辑，2013 年 10 月，第二作者李彦洁为河北大学文学院副教授。有删改。］

互联网条件下汉语网络教学平台构建策略

曹晓燕

随着全球汉语热的兴起,汉语国际传播需求进一步加大。然而,在新形势下,汉语国际传播也面临着很多挑战与困难,传统的教学模式由于受到时空限制,已不能满足现实需求。在互联网正塑造全新的传媒生态和社会生态的今天,随着传播方式和网络科学技术的日益发展,汉语国际传播不应再拘泥于传统单一的传播方式,而应积极推动创立"互联网+教育"的新模式,利用网络推动教学,打造优质教育资源共享平台。然而,汉语网络教学起步较晚,还不够成熟,目前还存在很多问题。

一、影响网络汉语教学成效的原因

许多学者都曾指出网络语言学习不容乐观,如容易半途而废,易辍学,产生孤独感、挫折感,约束力差,没有与同伴的互动,没有足够的反馈,教学方法单一,缺少现场教学的效应,学习效果难以控制,等等。这些问题普遍存在于线上汉语教学活动中,影响了线上汉语教学的发展。主要原因有以下几点。

(一) 社会交互性不强

有人把网络教学不成功的原因归为对自主性估计过高,其实学习的发生与周围环境的互动和联系也很重要。教学内容和方式也许在学习初期能吸引学生,但如何让学生保持学习热情,获得学习成效是更重要的问题。目前网络教学平台的交互性不强，对如何维系学习者和平台之间的关系往往意识不够，往往会影响学生学习效果和学习热情。这就导致网站的浏览率不高，固定学习者不多，平台的重复使用率不高。

（二）缺少现场教学的效应

网络教学与传统线下的实体教学相比，其短板在于削弱了教学的现场性。很多汉语教学网站一般提供的是事先录制好的教学视频，由学生自主学习。学生大部分时间只能独自一人面对电脑学习网络课程，无法获得教师及时的帮助和指导，与其他学员缺乏协作与交流，因此很难调动自己的学习热情，也就无法对网站产生归属感。

（三）对学习效果缺乏控制

线上汉语教学的前端老师无法管理分散在世界各地的学生，一些学生没有自学习惯，无法做到高度自律，加上汉语难学，很容易就放弃了。很多网站也缺少适宜的评测系统，即使有一些练习题，也只是针对已知汉语知识的检测，而非汉语水平的考察。

（四）教学内容单一

具体表现在：（1）目前大部分汉语教学网站提供的只是针对汉语基础课程的内容，教学内容比较单一。（2）不重视在语言教学中融入文化内容，学生学习的只是"教科书式的汉语"，而不是真实的交际汉语。（3）对多语种的支持不够（很多平台是英语界面，至多只是对它的界面和授课内容进行多语种翻译），教材的编写很少考虑学习者母语的正负迁移，大多一套教材走天下，教师也很少从偏误的角度对学习者进行科学细致的辅导。（4）很多网站打着一对一的高端汉语教学旗号，但并没有真正做到根据学生需求定制课程。

（五）教学方法缺乏变化

线上汉语教学不同于传统教室教学，在远程环境下，师生之间缺乏物理意义的接触，适用于传统课堂的教学技巧和活动组织方式不一定适用于网络教学，常有英雄无用武之地的感觉。而目前对于线上汉语教学技巧和方法的研究还不够深入，教学方式比较单一，缺乏变化。

（六）不重视学习服务系统

对于以兴趣为动力的网络学习者，学习内容固然很重要，但为了保证网络学习的持续进行，不但要有完备的教学内容体系，还要有实时或非实时的反馈系统，为学生提供答疑解惑的平台。

二、汉语网络教学平台构建对策

一个完善的网络教学平台要有基本的学习模块，也要有辅助模块。大体来说，网站设计可以从"技术层面""教学系统""教学模式""辅助板块"这四个方面入手。

（一）技术层面

1. 语言学习中的虚拟现实技术

随着学习科学的发展，研究者逐渐意识到语言的实际应用与一般的语言学习相比，蕴含着更多的复杂性和不可预测性。传统的教育方式受教学时长、空间、教学经费等限制，在教材和参照模型上只能围绕情景组织语言材料和音像材料，做到尽量贴近真实。"学习者从简单交互里所习得的知识难以迁移到更复杂的交互情境中。"[1]21世纪初，信息技术的功能定位发生了重大转变，即从学习工具转变为实现与母语者交互、合作的虚拟环境。"而将日常教育与VR技术相结合，通过三维建模及场景搭建，可以为学习者提供近乎逼真的教学模型"[2]，

---

[1] 叶新东，仇星月，封文静. 基于虚拟现实技术的语言学习生态模型研究[J]. 电化教育研究，2019（2）：109.
[2] 高天寒，李颖. 基于虚拟现实技术的汉语言教学系统设计与实现[J]. 工业和信息化教育，2018（8）：79.

能产生强烈的沉浸感,为语言学习者创造一个介于课堂模拟环境与真实社会环境之间的"浅水区",有效地为学习者突破了时间场地的局限,极大地提高了学习者的体验度,帮助学习者尽快适应现实语境。

2. 基于WebRTC的实时通信技术

目前许多视频教育网站多提供的是录播课程,即使是在线上实时授课,大多也是用第三方聊天软件,如Skype。而交互式网络教学平台对响应时间、实时交互性的需求很高。近两年实时音视频工具发展迅猛,功能强大,可操作性强。WebRTC（Web Real-Time Communication）是一项支持跨平台的实时音视频处理的软件,将其应用于网络教学平台,可以开发出具有高质量实时音视频通信的在线教学系统。只需要在网站内部设置快捷键,用户（教师和学生）以智能终端作为服务入口,通信终端通过业务接口进行绑定,建立教师和学生的对应关系,然后进行终端会话协商,接着用音视频控制模块进行媒体数据处理、编码和传输控制等,再通过代理服务器完成网络穿越,最终实现终端会话,使教师和学习者能进入课堂,完成面对面授课。

(二) 完整科学的教学系统

1. 全方位的课前测评

了解学习者是制定教学策略的前提,多层次、全方位地对学习者进行学前测评较之简单地依赖经验判断其学习情况更为准确。为了给学习者量身制订学习计划,对于有一定汉语基础和学习目标不明确的学习者,网站可以提供调查问卷和评测软件,搜集数据来为学习者推荐合适的学习难度,建立学习档案,从而保证教学效果。

2. 必要的预习环节

完整的课程系统应包含课前预习、上课、课后作业三个步骤,即使网络授课也要遵循以上步骤。由于网络教学一般没有纸质教材,因此预习视频和课件对于学习者尤其重要,网站可设置功能将预习任务在学习者选好上课时间后自动发送给学习者,预习视频里有专业教师对教学内容的详细讲解,初级阶段还会配以学生母语的说明,这将节省课上的讲解时间,最大限度地促进学员跟老师进行操练和交流。在线上汉语教学中,学习者和教师的最佳表达时间各占50%,最理想的学习状态是在轻松的聊天中进行,这样不但可以加强对所学知识点的运用,也有助于学习者交际能力的提高。

3. 全面的总结和反馈

著名的"艾宾浩斯遗忘曲线"告诉我们,人们在学习之后的初期,遗忘的速度最快,如果不及时复习,一天之后知识在头脑中的留存量仅为初始的1/3。根据这个规律,课后系统自动发送给学员当节课的练习,并提供提醒服务,单元中、单元结束都有测验任务,根据课业完成情况和测试成绩予以一定的积分奖励,促使学习者有效地对所学知识进行复习。

网络汉语教学的特点之一是因材施教。不同学生的学习能力、汉语水平、认知程度都会在教学过程中表现出来,及时的反馈有助于对学生进行高效的教学指导。反馈可分两部分,一部分是教师对学习者当节课学习重点、难点以及薄弱环节的总结和学习建议,帮助其他教师了解学习者的性格特点、学习风格、课程进度和注意事项。另一部分是学习者对教师授课的评价,可帮助教研团队改进教学方法,并作为教师考评的依据之一。

(三)自主+辅助的教学模式

基于汉语自身规律的研究,汉语网络教学可通过多元化教学模式满足不同学习者的学习需求和学习目标,帮助学生在多种学习模式中获得完整的汉语学习体验。

1. 线上实时交互式一对一或一对多学习

现有的国内网络汉语教学平台上的实时授课环节大多用第三方聊天软件,最常用的是Skype,但近两年实时音视频工具发展迅猛,功能强大,可操作性强,只需要在网站内部设置快捷键,就可以让教师和学习者进入课堂面对面授课,教师还可以共享PPT、音频、视频,双方都可以在课件上标注,还有白板可以使用,极大地还原了真实课堂的交互性,弥补了网络课堂缺乏"板书"、不够灵活直观的劣势。一对一或一对多的面授教学可以满足不同学习者的需求。

2. 非实时免费公开课

为了让学生在学习汉语的同时能足不出户地了解中国和中国的交际文化，网站应开设中国风俗文化的公开课，文化点主要选取日常生活交往方面的交际性文化，如中国人怎么打招呼、中国人的餐桌礼仪、在中国什么礼物不能送等；或者专门介绍汉语中有特殊文化意义的俗语、成语，如"陪太子读书""汗牛充栋""目无全牛"等，这些词非常容易引起误解。因为任何一门语言都是经过长期的演变而来的，其间必然会产生实际含义与字面意思不相符的情况，容易让学生望文生义，最终影响交际的顺利进行，所以在搜集教学资源时要有一定的文化知识内容，尤其对有特殊含义的词汇和俗语要重点讲解。课程采用虚拟现实技术中较为成熟的 DesktopVR 技术制作，注册学员可反复观看体验。多种交互手段并存使语言学习增加了肢体语言、表情语言等非语言线索，避免了语音交互技术过于单一所带来的负面效果。所有视频都会分类，既可以作为单独的课程，也可以与线上实时课程搭配起来使用，这对于自主性较强的学生是很好的自学材料。

3. 线上语伴计划——远程沉浸式教学

在线汉语教学如果想要提供沉浸式体验，面临着很多难题——缺少语言环境、课后教师和学生无法继续互动、学生难以接触到汉语母语者等。因此，网站可以为学员提供线上语伴服务，使远程沉浸式学习成为可能。语伴是指来自全国各地有意参与汉语国际传播的相关专业人员。学生可以向语伴提任何有关汉语的问题并能得到及时、专业的回复，避免了学生在学习中遇到问题只能等到下次上课，而又可能面临不同老师的尴尬。

4. 教学内容丰富而真实

课程内容将按照课程设置规划，并依据 HSK、YCT、BCT 等考试分级标准与国际汉语能力标准，从低到高分为不同级别。课件可以分为两种：一种是配合语言点讲解的 PPT，另一种是虚拟现实技术（VR）课件。学习者在虚拟现实场景中与周围一切进行互动，可随意点击周围的事物，并看到文本和物品词汇或情景动作的翻译。这样的学习环境设置了符合学习者发展的任务活动，营造了与目的语应用相适应的丰富的社交场景,让学习者在交互和协作中完成复杂的学习目标,并获得教师的及时反馈和指导。

(四) 提供全方位支持的辅助板块

1. 学员交流区

周红平等的调查发现,网络课程对留学生的汉语学习帮助不大,其原因是"平台开发的理念以课程内容为核心,忽视了教师的适时引导及师生、生生间的沟通"[1]。网络教学与传统课堂相比,最大的缺憾是缺少课堂学习氛围,一对一的学习尽管增加了课上练习的机会,但学习者容易感到孤独,兴趣降低,没有归属感。缺少了有效的社会交互性,学习者如何跟其他学习者交流、分享经验就是网站平台必须解决的问题。开设学员交流区可以为学习者提供一个非常好的关于学习汉语的社交网络平台,实现学习者之间的交流,老师也可以参与进来进行答疑和交流。通过交流区,学习者可以提出问题,找到学习伙伴,分享学习经验,降低学习过程的孤独感,增加网站的凝聚力。

2. 营造目的语"小社会"

虽然视听技术可以弥补传统网络教学的不足,但也仍然无法造成身临其境的感觉。对于在非目的语国家学习的人来说,由于缺少学习和训练的真实环境,一出课堂就回到母语环境中,因此很难提高交际能力。通过VR来"发展一种'虚拟现实教室',学生可以在其中感受目的语国家的风土人情和语言氛围,还有可能通过虚拟现实技术以及其他仿真技术,把学生的居室和其他活动场所装饰成目的语国家的风格没并且随着该国的情况而变化,甚至有可能'虚拟'参与该国的社团活动"[2]。学生在虚拟的逼真环境中漫游,从而获得更多的与语言有关的信息,比如上海城隍庙的杂货店、苏州观前街的美食

---

[1] 周平红,卢强,张屹. 对外汉语学习网络教学平台建设的需求分析 [J]. 开放教育研究, 2007 (3): 68.

[2] 郑艳群. 虚拟现实技术和语言教学环境 [J]. 世界汉语教学, 1999 (2): 4–5.

街、乌镇民宿酒店大厅等。学习者通过电脑或 VR 头戴设备，达到足不出户就能体验这些环境的目的。在虚拟的小社会里，学习者可以控制代表自我的虚拟角色对环境的持续探索、体验，并不断与环境中的虚拟对象或其他学习者或目的语语伴产生交互。

三、结论

网络汉语教学平台的建设起步晚、经验少，是一项长期的系统工程，但在一带一路的新形势下，对于热衷于汉语学习而没有时间或条件来华留学的学习者来说，是非常便捷的学习途径，可以弥补师资力量匮乏的缺憾。随着实时音视频技术以及虚拟现实技术的成熟，网络教学的策略和方式将更具有现场性、灵活性的特点，教师和学生可以通过网络进行实时互动，将传统教学与网络技术融合，在某种程度上克服了由于学习环境不同而造成的距离感和孤独感以及由此带给他们的在语言学习过程中的消极影响。交互式网络课程与线上语伴及交流平台和虚拟社会环境的结合，将给学生提供更多参与语言交流的机会，大大增加语言输入和输出的可能。

下编

语文教育专题

论高考作文命题的价值取向

王家伦　张长霖

高考作文究竟应该检测学生哪方面的能力，或者说高考作文命题的价值取向究竟该怎样，这看似简单，但实际上是一个颇值得研究的问题。

一、奇怪的作文得分现象

就人的整体素养而言，语文素养是一个"分支"。从各种权威工具书的解释中，我们可概括出语文素养的基本内涵：其一，学生先天具备的对语言的外在形式与所负载的内容的感受运用能力；其二，这个先天的感受运用能力可以在多年的语文教学活动中逐步发展完善。所以说，在语文教学活动中逐步培养学生的语文素养切实可行。那么，称语文课的中心任务是逐步培养并提高学生的语文素养，也就是顺理成章的了。

2001年《全日制义务教育语文课程标准（实验稿）》如是说："九年义务教育阶段的语文课程，必须面向全体学生，使学生获得基本的语文素养……使他们具有适应实际需要的识字写字能力、阅读能力、写作能力、口语交际能力。语文课程还应重视提高学生的品德修养和审美情趣，使他们逐步形成良好的个性和健全的人格，促进德、智、体、美的和谐发展。"针对2017版《普通高中语文课程标准》中最被热议的"核心素养"，我们做了认真的研读，发现此"核心素养"的基本元素与2001版课标的提法相衔接，最关键的是"学科核心素养"板块中的这句话——"在语文课程中,学生的思维发展与提升、审美鉴赏与创造、文化传承与理解,都是以语言的建构与运用为基础,并在学生个体言语经验发展过程中得以实现的"。简单地说,就是"语文"的"核心素养"应该在学生的读写听说能力中得以体现。

实际上,语文应试能力也是语文核心素养的体现。就拿对"说"的能力的测试来说,按要求,播音员的普通话不应低于"一级乙等"(92分),一个在播音岗位从事多年工作的播音员,由于他没有参加测前的培训(应试教学),致使英雄无用武之地,参加测试未能达到92分;但是,正因为他本身普通话素养较高,"说"的能力较强,故未曾也不可能掉到"二级乙等"(87分)甚至以下。

然而,作为对"写"的最重要的考测手段——高考作文却不是这样,甚至会出现一些与考测目的相悖的结果。这主要有两种情况。

其一,平时作文基础较好的学生高考作文得分低,甚至在"四类"以下。笔者的一位学生陈某某是全校公认的语文尖子,写作能力很强。在多次模拟考核密封批卷的情况下,得分都在100分以上(当时满分120分)。但是当年高考语文却得了低分,很意外。于是查分,才知道满分50分的作文只得了18分,原因是审题错误。

其二,平时作文基础一般的学生高考作文得高分。笔者曾教过一个理科班,该班学生大多不太喜欢写作,而且写作能力很一般。但是该班学生的高考作文平均成绩却高于聚集全校写作高手的文科班。究其原因,那就是这个理科班学生的理解能力较强,作文审题失分较少,所以无端失分的可能性就低。

这样,高考语文成绩与平时基础不相符的根本原因就找到了,那就是作文审题问题。一次审题,影响了一次语文高考,甚至影响了一个考生的一生。为什么学生说语文成绩最有"水分"?为什么说语文高考最容易"失常"?其关键就是高考作文的审题易出现失误。而这种以审题为难考生的做法到课改前的"材料作文"一统天下的时代登峰造极,直接逼出了"误尽苍生是语文"的感叹。不幸的是,近两年的"新材料作文"又走上了用审题为难考生的回头路,这不禁叫人心忧。

二、近年高考作文尤其是"新材料作文"的命题误区

中华人民共和国成立以来的所有高考作文大致分三个阶段。"文革"前以命题作文为主流，有一些审题难度，但是还不算严重；"文革"后至课改前，以"材料作文"为主流，审题难度越来越大，于是"矫枉过正"，出现了"话题作文"；必须正视的是，话题作文时代，学生语文高考中作文的成绩基本上与平时相符，"失常"和"超常"的现象比较少，但是话题作文派生的宿构等问题越来越明显。2005年高考，湖北省、福建省、上海市率先"吃螃蟹"，对高考作文的命题形式进行了新的探索，于是，出现了一种"全新"的作文命题形式——新材料作文。新材料作文逐步成为各省命题的"新宠"。然而，随着时间的流逝，新材料作文的一些问题也逐步显现出来了。

（一）新材料作文的审题要求

从理想的角度而言，新材料作文是在传统材料作文基础上发展起来的一种新的作文模式。传统的材料作文要求审题时必须从材料出发，所写作文的主题、内容必须与材料的内容一致，有的甚至要求作文必须用到所给材料。而新材料作文主张在所给材料范围内自主确定角度，自定立意，自选文体，这就给了考生更多发挥的空间。材料立意的多元化，拓宽了考试的写作范围，同时也避免了话题作文中"宿构"的弊端。考生自主选择文体，开放了文体选择的空间，可充分发挥考生的个性优势，但是不难发现，这种备受"专家""学者"好评的命题的弊端越来越明显，主要体现在审题难度的加大，相比传统的材料作文，有过之而无不及。

2006年全国卷新材料作文的要求是"全面理解材料，但可以选择一个侧面，一个角度构思作文。自主确定立意，确定文体，确定标题，不要脱离材料的含义，不要套作，不得抄袭"。（全国卷、辽宁卷）2007年、2008年的要求是"要求选择一个角度构思作文"。而

到了 2009 年,(全国卷、海南卷、辽宁卷)审题"门槛"骤然增高,变成"选准角度,明确立意"。从审题的要求来看,门槛越来越高,这不利于考生越过审题门槛,体现自己真实的遣词造句能力。

如 2012 年安徽卷:

材料题。一个梯子竖在那里,有人在梯子上留了一张纸条,上面写着:梯子不用时请横着放。请考生根据这段材料写一篇作文。

再如 2013 年江苏卷:

一群探险者去山洞探险,进入后点燃蜡烛,发现有一群蝴蝶,于是退出去了。过了一段时间,探险者们再次进入,却发现蝴蝶飞到山洞深处了,小小蜡烛影响了蝴蝶的生活环境。作文要求考生根据一点点细微的变化,自定主题。

看到这种题目,即使是教过多年高三的语文教师也心中发怵,更何况是在考场这种紧张气氛下的考生。

再如 2018 年全国卷 Ⅱ:

阅读下面的材料,根据要求写作。(60 分)
"二战"期间,为了加强对战机的防护,英美军方调查了作战后幸存飞机上弹痕的分布,决定哪里弹痕多就加强哪里。然而统计学家沃德力排众议,指出更应该注意弹痕少的部位,因为这些部位受到重创的战机,很难有机会返航,而这部分数据被忽略了。事实证明,沃德是正确的。
要求:综合材料内容及含意,选好角度,确定立意,明确文体,自拟标题;不要套作,不得抄袭;不少于 800 字。

这道作文题被认为"最难写"。笔者经过细细考量,才看出可写的几个角度，如，其一，逆向思维的重要性；其二，不人云亦云；其三，透过现象看本质；其四，隐性与显性……但是，这些角度都比较隐秘，不容易切入。

(二) 学生审题一旦有误，全盘皆输

"相对于美法两国的高考作文试题要求的直截了当，中国高考作文还有一个'审题'环节，充满'陷阱'。"[1]

当前的高考作文一般占 60 分。高考作文的评分一般从两个层次考虑："基础等级"（40 分）与"提高等级"（20 分）。所谓"提高等级"，当然必须是在"基础等级"得高分甚至接近满分的前提下才能考量，所以，我们首先得把目光聚焦到"基础等级"上。"基础等级"的考察一般分为两块："内容"（20 分）与"表达"（20 分）。也就是说"基础等级"就已经占到作文满分 60 分的三分之二了。而就"内容"而言，又分为"切合题意""中心突出""内容充实""思想健康""感情真挚"。如果不能"切合题意"，那么，何来"中心突出""内容充实"呢？所以说，"切合题意"是得"内容"分的关键，一旦审题出错，此 20 分就基本丢失，那么，还指望能得到"提高等级"的分数吗？

据我们所知，高考作文阅卷时并不从"内容"与"表达"两个维度分工批阅，而是每篇作文同时由几个人全文批阅。如果各人给分差距不大，最终取平均值；如果差距大，则重新审核。另外，一篇作文在某个阅卷教师手里停留只不过短暂的几分钟，他们不可能细细推敲。如此，一旦某阅卷教师第一时间认为某文审题出错，就会形成"文章不行"的思维定式（或许是定式错觉），就不会再认真考虑其表达水平如何。也就是说，一个学生的"表达"能力再强，也起不了多少作用。同理，一旦某阅卷教师认为某文审题正确，也会形成思维定式，不再认真考虑其表达水平如何，于是，平时作文基础一般的

---

[1] 刘洪涛. 国际教育考试文化比较视野中的中国高考作文[J]. 齐鲁师范学院学报，2016 (5): 6-13.

学生得高分的运气就来了。由于阅卷老师在阅卷准备阶段已经对审题环节有了充分讨论,所以在阅卷的实际操作中审题准确与否就成了学生作文成败的区分标准。

(三)审题误区产生原因之探

其一,对"审题"的崇拜,与我国历史上的科举制度联系密切。科举考试的主要形式是写"八股文",而八股文考试的第一要求就是"题取经义"——文题来自四书五经。当今高考作文考试大量采用的"新材料作文",除材料本身"非经书"以外,其命题形式及审题要求,基本仿效于此。

其二,取决于命题权者,因为他们必须要有"推陈出新"的念头。众所周知,高考作文命题历来是众矢之的,而且评论者(尤其是那些"专家")往往从是否"有新意""有深度"出发。为了被别人赞一声"有新意""有深度",又为了回避平时训练的热点,从冷僻处入手就成了必然选择。当然,这里还有对付"宿构"的考虑。

于是,考生面临一个高风险的处境:面对那些"有新意""有深度"的题目,一旦偏题或离题,则满盘皆输。

三、高考作文命题指向何处?

尽管各地高考试卷的具体布局不完全一样,但如下四大板块必不可少:"语言文字运用""文言诗文阅读""现代文阅读""写作"。显然,"语言文字运用"负责直接测试考生具体的语言文字运用能力,"文言诗文阅读"与"现代文阅读"测试的是考生的阅读能力,而"写作"测试的是学生的书面表达能力。不得不说的是,检测考生对题目内涵是否正确理解,也应是高考测试的主要环节,但这属于"阅读理解"的范畴,其任务应由"文言文阅读理解"和"现代文阅读理解"等板块去完成,而不能让"作文写作"抢了饭碗。"抢饭碗"的结果是"荒了自己的田"。于是,以"快"和"准"对付"审题"等办法应运而生。然而,是否应该从命题的价值指向出发进行考虑呢?

(一) 对2018年江苏卷的思考

2018年江苏高考作文卷被认为是"最语文"的作文题。如下:

解读语言传递

根据以下材料,选取角度,自拟题目,写一篇不少于800字的文章;文体不限,诗歌除外。

花解语,鸟自鸣,生活中处处有语言。

不同的语言打开不同的世界,音乐、雕塑、程序、基因……莫不如此。

语言丰富生活,语言演绎生命,语言传承文明。

称之为"最语文",是因为这个作文题以"语言"为题材,呼应语文课程标准对课程性质的界定,贴近考生生活实际,能激发考生的写作兴趣;就审题而言,这个题目实际上没有多少限制。据参加阅卷的老师说,文章中只要带到"语言",选择角度小些,集中笔墨进行开掘,基本就算审题合格。如此,学生就可以专注于自己书面语言的表达,阅卷教师也可以集中精力关注作文的语言表达,这是成功之处。但是,这个题目是否有过于宽泛,回到"话题作文"老路上的嫌疑呢?长此以往,宿构问题又会不会再度出现呢?这值得我们深思。

(二) 指向改写

高考作文审题会严重影响考生的作文得分,但过于简单的题目又容易出现"宿构"。这似乎是个两难的问题。

我们希望通过正确的命题导向引导语文教师对学生的语文能力进行训练,真正提高学生的写作能力,提高学生的语文素养。我们认为，也许高考作文可以尝试改写。[1]如，1978年全国卷要求将华国锋的《速度问题是一个政治问题》一文缩写成500字至600字的短文，1979年全国卷要求将何为的《第二次考试》改写为一篇《陈伊玲的故事》。

用"改写"，可以避免考生在审题上遇到种种困难。考生不必挖空心思去揣摩出题人的心思，去解读材料背后的含义，这无疑会减轻考生的心理负担，可以让考生在考场上有限的时间里迅速地进入状态，展开自己的联想与想象，发挥自己遣词造句的才能。用"改写"，也能够避免教师在考前"猜题""押题"，可以让教师回归本位，从平时的写作中对学生进行正确的引导和训练，在一定程度上也减轻了教师的负担。用"改写"，不仅解决了审题的问题，还能解决因过分抬高审题要求而引起的评分标准的不合理问题，作文评分时就会更加注重对考生写作内容、写作技巧、写作思路、语言表达的考查。这样一来，对考生的考查不仅是多方面的，也将是公平的。

从平时作文教学的维度来看，改写训练必须注重文体，这又是对课改以来轻视文体造成的负面影响的纠偏。

笔者多年前提出"改写"时，也曾有过可能导致作文教学难以深入生活的担忧。如今看来，这近似杞人忧天。平时训练只顾改写，确实可能出现写作不从生活出发的问题；但是，押题、猜题呢？一味做审题训练呢？可见，学生写作脱离生活不是改写的"专利"。

实际上，将平时的改写训练联系生活并非难事。比如，给学生一篇记叙文，要求学生保持原文结构，内容换成自己生活中发生过的事；给学生一篇关于当前时事的长文章，要他们压缩为一篇同样内容的简洁的短文章；给学生一篇表达不甚清晰的说明书，要他们改到表达清晰为止……

另一个担忧，如果高考用改写的形式，可能就没有内容新颖、文采飞扬的佳作脱颖而出。这里我们要问，高考作文究竟是为了考查学

---

[1] 王家伦.改写：阻止作文假话、空话、套话的有效途径[J].湖南第一师范学报，2011(2)：19-21.

生的书面语言表达能力，还是为了选拔文学家？实际上，古代的科举考试，也并没有将文学作品的脱颖而出作为追求目标。

最后一个问题，改写如何考查学生的思辨能力？实际上，学生对改写的构思，又何尝不是对思辨能力的考验。

当然，改写不是高考作文命题唯一的考虑，但是不在审题上为难考生，有利于考生正常发挥自己的书面表达能力，进而有利于中学写作教学不被审题训练绑架，有效地提高学生的写作能力。这必须是高考作文应该有的命题思路。

"新中国高考作文命题始于1951年，65年来，高考作文的发展曲折坎坷，但从中可以清晰地读出社会发展的线索，不同时期的政治、经济、文化的嬗变都在作文命题中有着或清晰或模糊的反映。"[1]我们认为，评价高考作文题，除了关注作文题与时事联系的紧密程度外，更应该考察作文题对学生的书面表达能力是否有利。当然，就平时有针对性的训练而言，作文必须紧密联系生活。

（本文原载于《语文建设》，2018年第9期，第二作者张长霖为本院教育硕士兼职导师。有删改。）

---

[1] 刘洪涛. 国际教育考试文化比较视野中的中国高考作文［J］. 齐鲁师范学院学报，2016（5）：6–13.

部编本初中语文教材四大系统的显著进步

王家伦　陈　宇

到目前为止，本轮语文课改的效果如何，语文教材（实指语文教科书）起到了怎样的作用，众说纷纭。孜孜以求的语文人通过不同途径，倡导教材编写的语用追求，千呼万唤之下，2016年教育部审定的《义务教育教科书·语文（七年级上、下）》（下文简称"部编本"）终于呈现在案头了。在此，从教材的四大基本系统谈谈我们的一孔之见。

一、对知识能力系统的思考

没有知识能力系统的语文"教材"难以称得上是真正意义上的语文教材。

新课改以来，语文教学中回避知识能力系统成了"正途"，追求知识能力系统成了"应试教学""压制人文精神"的代名词。其结果如何？多数语文教师不敢理直气壮地讲语文知识，更不敢放手训练学生的基本语文能力，语文课成了"政治课""思想品德课""泛文化课"。笔者从几个不同途径都看到了温儒敏教授所言的："语文课上得满天飞，可就是没有把得住的'干货'。"[1]如此一来，谈何循序渐进地提高学生的读写听说能力？

实际上，语文课程标准从未正式否定过知识能力系统。2001版

---

[1] 温儒敏. 如何用好部编本小学语文教材［EB/OL］. http：//www.pep.com.cn/bks/xxyw/jcjf/201712/t20171211_1921250.shtml.

《全日制义务教育语文课程标准》（下文简称"01 课标"）曾在课程的基本理念中提到"不宜刻意追求语文知识的系统和完整"，但应注意仅仅是"不宜刻意追求"；而 2011 版《全日制义务教育语文课程标准》（下文简称"11 课标"）连这句话也删掉了。明眼人不难看出，在一定程度上建构语文知识能力系统，颇有必要。但是，伴随本轮课改出现的几套教材，基本摒弃了知识能力系统，完全从所选文本的内容出发组元。

"部编本"在重建语文知识能力系统上做了尝试，虽然说得比较"含蓄"，甚至有点"羞羞答答"，但我们仍可从"人文组元"的"背后"看出一些。

在"部编本"中，某些课文后出现了一些必要的语文知识介绍，这些用浅易和生动的语言介绍的语文知识，基本能成体系。概括地说，七年级两册中就涉及了语言知识如词义、词类、短语等，修辞知识如比喻、比拟、排比等，另有文化知识如敬辞和谦辞的用法等。如此，初步形成了一个"语文知识补给站"，既避免了单纯学习语文知识的枯燥乏味，又为日后进一步的语文学习打下了良好的基础。

在这里，我们不得不说到人教版 1987—1988 版初中语文教材。从一定程度上来看，这套教材是"最语文"的教材，因为它建构了一个比较科学的读写知识能力体系。关于这套教科书的概况，笔者已有专门阐述。[1]然而，这套教科书有一个颇为人诟病的问题，就是对"课程意识"认知不足，将语文课程需要的汉语知识靠向大学中文系的"现代汉语"学科，就如副词，竟然搞出了五大类十余种。笔者（王家伦）1988—1989 年任教了初一两个班级，真正学会这套语法的每班仅一人。"11 课标"在"实施建议"中指出，对于语法修辞知识的教学应根据语文运用的实际需要，从所遇到的具体语言实例出发进行指导和点拨，指导与点拨的目的是为了帮助学生更好地识字、写字、阅读与表达，形成一定的语言应用能力和良好的语感，而

---

[1] 王家伦，张长霖. 论语文教科书编选的语用追求[J]. 福建基础教育研究，2017（2）：139-142.

不在于对知识系统的记忆。[1]因此，我们既不能架空进行知识教学，从概念到概念；也不能完全忽视知识的传授，形式上必须随文学习，目的上是要"学以致用"。所以，从这点上来说，"部编本"有一大进步。

语文教材使用的语言必须是规范的现代汉语。就数词而言，"两"为基数词，"二"为序数词，此为基本常识。然而，在"部编本"中，"散文诗二首""《世说新语》二则""诗二首""外国诗二首"赫然在目，实在令人不解。这应该是当今绝大部分学生、一大部分语文教师（包括名师）搞不清"两"和"二"的根源吧。

我们还想说的是，"部编本"考虑文章的因素颇不够。首先，初一学生应该学习的记叙文要点，诸如"详略""记叙顺序""人与事的关系"等，不知后面几册是否涉及。其次，虽然说初二才是学习说明类文本的重要时期，但初一阶段也该让学生有所接触，应设置一两个单元让学生"尝鲜"；但是，不知是有意还是无意，教材中竟没有。从这两个方面来说，"部编本"留下了较大遗憾。

不知这套"部编本"教材的编写者、审稿者中是否少了"文章学"和"现代汉语"方面的专家？

二、对选文系统的思考

语文教材的主体应该是课文，被选入教材的课文称为"范文"。"范"，就是榜样，所以，"范文"必须是"榜样"之文。"范文"，首先，是阅读的"榜样"，也就是说选文要有代表性，学生学了这篇文章，自己可以举一反三，自学同类的文章。其次，"范文"还必须是语言规范、文质兼美的"榜样"，学生阅读时可得到美的享受；再次，"范文"应该是写作的"榜样"，教师能够通过这个"榜样"，有效地教会学生遣词造句、谋篇布局的能力；另外，"范文"也是培

---

[1] 教育部．义务教育语文课程标准（2011年版）[S]．北京：北京师范大学出版社，2012．

养学生健全人格的"榜样",在一定程度上对学生进行人文熏陶。

这套教材的选文比较严谨,所选课文对学生读写听说能力的培养和健全人格的形成都能起到正面作用,将一些比较草率的,在"文"的维度几乎没什么潜在价值的文本淘汰了;另外,将一些文质兼美的经典文本,就如《济南的冬天》《散步》再度选入;再有,精选了一些从未(或者久未)入选过语文教材的文本,尤其是古诗词,就如《行军九日思长安故园》《夜上受降城闻笛》等。

"部编本"体现的"1+x"模式颇值得赞赏。所谓的"1+x",温儒敏认为就是"讲一篇课文,附加若干篇泛读或者课外阅读的文章,让学生自己读,读不懂也没关系,慢慢就弄懂了。这就是为了增加阅读量,改变全是精读精讲,而且处处指向写作的那种教学习惯"[1]。

"1+x"模式体现在选文上,就是每个单元安排一到两篇教读课文,一到两篇自读课文,另设"名著导读"和"自主阅读推荐",以及"课外古诗词诵读"栏目。各个单元结构不尽相同。其中,"名著导读"的重点是介绍阅读的方式、方法。如七(上)第二单元,教读篇目是鲁迅的《从百草园到三味书屋》,自读篇目是海伦·凯勒的《再塑生命的人》、林海音的《窃读记》,名著导读为《〈朝花夕拾〉:消除与经典的隔膜》,自主阅读推荐的是林海音的《城南旧事》和沈从文的《湘行散记》。而"课外古诗词诵读"选取的是李白的《峨眉山月歌》、杜甫的《江南逢李龟年》、岑参的《行军九日思长安故园》、李益的《夜上受降城闻笛》。如此,再加上推荐的由北大语文教育研究所组织编写、人教社出版的《语文素养读本》,就建构了"教读+自读+课外阅读"三位一体的阅读体系。

总的来说,"部编本"体现了两大延伸的方向:向课外阅读延伸,向语文生活延伸。重视名著的推荐导读,重视古诗文阅读。据说,初中古诗文选有120来篇,占所有选篇的一半以上,体现了对优秀传统文化的重视。由此可见,这套教材不仅追求阅读的质,还对阅

---

[1] 温儒敏. 如何用好部编本小学语文教材[EB/OL]. http://www.pep.com.cn/bks/xxyw/jcjf/201712/t20171211_1921250.shtml.

读量有了更高的要求。所以说，"部编本"是"专治少读书、不读书的"。

在思考的过程中，我们发现，七年级两册的选文多为文学作品。虽然说大多数文学作品是语言运用的典范，但是，语文教学毕竟不等同于文学作品教学，有些阅读能力是通过阅读文学作品难以培养到的，且学生长大后的阅读对象，大部分还不是文学作品。为什么不从"文章"的维度出发，增加一些对学生的阅读能力和写作能力有实实在在帮助的非文学作品呢？

还是那句话，不知这套"部编本"的编写者、审稿者中是否少了"文章学"的专家？

三、对训练系统的思考

课改以来，"训练"一度成了"应试教学"的代名词。或许是担心被扣上"应试教学"的大帽，"01课标"中的14 000余字，"11课标"中的27 000余字，都是仅在"教学建议"中小心翼翼地提到了"训练"，即"语文教学要注重语言的积累、感悟和运用，注重基本技能的训练，给学生打下扎实的语文基础"。

但无论如何，"拳不离手，曲不离口"的道理人人懂得，没有训练，提高学生的语文能力根本不可能。学生的语文素质本质上就是个实践问题，是一种语言行为方式的内化。而只有通过科学的训练，才能促使语言行为方式内化形成语文能力。课改以来，学生语文素养明显下降的现实令人忧心。

"部编本"颇为注重训练，其训练系统有一定的特色，这主要体现在对读写能力结合的训练方面，以阅读配合写作，以写作巩固阅读。七（上）教材中第一单元强调"热爱生活，热爱写作"，第二单元强调"学会叙事"，第三单元强调"写人物特点"，第四单元强调"思路清晰"，第五单元强调"突出中心"，第六单元强调"联想与想象"；七（下）教材中第一单元强调"写人物精神"，第二单元强调"抒情"，第三单元强调"细节"，第四单元强调"选材"，第五单元强调"文从字顺",第六单元强调"语言简洁"。在这样遵循"一作一得"原则的写作训练中,既有一般的写作指导又有一定的写作实践要求,训练中一般指导与个别实践相结合,在普遍写作法则的指导下进行单项写作能力的训练。同时,各单元的中心目标基本呈螺旋式上升,如同样在七(下)教材中,同样是语言表达,"语言简洁"就比"文从字顺"进了一个层次;同样是写人,相比七(上)的"写人物特点",七(下)的"写人物精神"就是明显的由表及里的递进。

就如本文第二部分所说的七(上)第三单元,其作文要求是"写人要抓住特点",编者以《从百草园到三味书屋》中的寿镜吾先生的动作描写为"范",指导学生通过动作描写表现人物特征;再如以《再塑生命的人》中莎莉文老师的几个事例为"范",指导学生通过典型事例表现人物特征。再如七(下)第一单元,其作文要求是"写出人物精神",就是以单元选文所涉及的闻一多、鲁迅、邓稼先等人物形象的塑造为范本,要求学生模仿训练。

一般来说,每个教学文本的后面都附有"思考练习"板块,这些思考练习题既承载了相应的语文知识和能力,又体现了教材编者的训练观。"部编本"的"思考练习"分为几个栏目,如"思考探究""积累拓展""阅读提示""读读写写",每篇课文不尽相同,但总的说来都突出了训练要素。尤其是"读读写写"栏目,突出了写字训练的因素,这是对"语文课程是一门学习语言文字运用的综合性、实践性课程"的具体体现。

遗憾的是,从眼前所见的"部编本"的两册书中,很难找到有关对文章谋篇布局训练的内容。另外,"部编本"中文、白作品混编,如此编排,除了这些文本所承载的内容相近外,找不出其他理由,尤其是与训练有关的。

四、对助读系统的思考

助读系统也被称为导读系统,是教材编者为帮助学生阅读课文、培养和提高学生阅读能力而提供的一系列"相关材料",如单元导语、目标提示、插图、注释甚至批语等。通过助读系统,教师可以游刃有余地教,学生可以有目的地学。

"部编本"没有每册课本前面的彩页图,但每篇课文中的插图却给人耳目一新的感觉。几乎每篇课文都有作者的画像,还有其他相关内容。如《从百草园到三味书屋》一文中,共有鲁迅画像、木莲、三味书屋、私塾学生四幅图,这对吸引学生兴趣,帮助学生了解过去,了解一些相关知识,深刻理解文本内涵确实有很大的作用。

与课改后的一些教材相同,"部编本"继续做了旁批的尝试,如海伦·凯特《再塑生命的人》一文中,编者通过旁批,提示学生注意文本的关键词语,注意文本内容的"支点",注意记叙、议论相结合的语句等。这些,就是真正意义上的"助读"。

最为典型的"助读系统"就是"导读"文字。"导读"主要有"单元导读"和文本"预习提示"两类。

"单元导读"置于每个单元之前,它告诉学生这个单元的重点是什么,应该怎样学习这个单元的文字。鉴于语文科课程"工具性与人文性结合"的性质,语文的单元导读应该从"文""道"两方入手。但是,由于受"人文第一"的影响,课改以来一些教材的单元导读颇不尽如人意。就如对以朱自清的《春》为首的写景单元,一般总是说大自然如何美好,我们该如何亲近自然,享受自然。而"部编本"该单元的导读除了赞美自然外,还有如下一段文字:

> "学习本单元,要重视朗读课文,想象文中描绘的情景,领略景物之美;把握好重音和停连,感受汉语声韵之美。还要注意揣摩和品味语言,体会比喻和拟人等修辞手法的表达效果。"

显然,这段文字从朗读、揣摩和品味两个维度告诉了学生学习这个单元的过程与方法,虽然看上去比较宏观,但确实是"很语文"

的过程与方法，体现了"部编本"的"语文"回归。

"预习提示"置于每个文本之首。"部编本"在每篇教读课文前都做了简洁的预习提示，有些做得很好。实际上，这些提示就是对这篇课文教学目标设置的建议。如老舍的《济南的冬天》的预习提示：

"在你的印象中，冬天是怎样的，有哪些代表性的景物？朗读课文，看看作者笔下的济南的冬天与你印象中的冬天有什么不同。课文中的许多景物描写细腻、生动，能唤起你对事物的细微感觉。阅读的时候，注意体会。"

有了这样的预习提示，多数任课教师能少走弯路，迅速制定如下恰当的课堂教学目标：

通过反复朗读，比较深入地认知济南冬天"温晴"的特点；通过深入体会，深刻理解本文细腻、生动的景物描写。

另外，由于课型的不同，所承担的功能也不同，助读系统的设置自然也要区别对待。如教读课文往往只有预习提示和文中一些词语的注释，留下了大量的空白，因此，需要教师重点讲解，教会阅读方法。而在大部分的自读课文中，不仅有旁批，还有一定的阅读提示，这就为学生的自学提供了支架。也正是有了这样的助读系统设置，提醒教师在教学中更要重视区分不同的课型。尤其是自读课，它的任务是把教读课学习到的方法沉淀、运用，学生只有自己完成才能真正提高自身的阅读能力。

当然，"部编本"中也有一些课文的预习提示不尽如人意，如朱自清的《春》的导读，在"文"的维度仅仅涉及"想象"，没有考虑文本"通过不同的画面描写景物""通过不同的感官表现景物"等"个性"。而本册教科书的该单元就是以安徒生《皇帝的新装》为首的想象单元。

一叶往往可能障目，因为我们手头只有两册正式的课本，其他有关"部编本"的材料主要来自网络，再加上囿于自身的水平，由此出发做出的分析，很可能有所偏颇。恳请读者批评指正。

（本文原载于《福建基础教育研究》，2017年8期，2017年12月人大复印资料《初中语文教与学》全文转载；第二作者陈宇为本院研究生。有删改。）

成语的文化价值及其呈现方式
——关于中文师范生传统文化教育载体与途径的思考

王建军

一、引言

成语是汉语中经过长期使用、反复锤炼而形成的固定短语,简洁精辟,意蕴深厚,大多出自历代的名人名言或名作名篇。成语由历史积淀而来,既是文化的产物,又是文化的载体。作为千百年来传承下来的语言精品,成语几乎覆盖了中华民族文化的一切方面,集中呈现了中国社会的基本特质、中华文明的主要形态。成语格局虽小,却能折射出缤纷多彩的自然景观和人文世界。人们不仅可以从中了解到古代的山川风貌、人情世态、文学艺术、百工杂役等方面的信息,也能够据此窥测中华民族文化的思想内涵和行为准则,堪称汉文化生态和汉民族心态具体而生动的写照。

二、成语的语言文化价值

成语的文化价值可以分为实际价值和潜在价值,其实际价值体现在认知世界和社会教化方面,其潜在价值体现在历史记录和文化传承方面。江苏省中华成语研究会的创始人莫彭龄教授从语言和义化结合的角度重新审视了汉语成语的文化价值,提出了著名的"成语四论":精华论、化石论、全息论、资源论。[1]据此,汉语成语的语言文化价值大致可归结如下。

(一) 成语是汉语和汉文化的精华液

成语以四字格为常。在上古、中古时期,四字格都是汉语中最稳定、最强势的句式。四字格不仅适宜于各种语法构造,而且拥有稳定的韵律模式,堪称汉语语句的极佳格式和最简模型。

成语言简意赅,简短的形式下面蕴藏了极其丰富的文化内涵。同一般语汇相比,成语中蕴含的文化要素更为显著、更富个性、更为精粹。众所周知,成语中有相当数量的条目源自古代的神话传说、寓言故事、历史人事和先哲言语。这些传说、故事、人事和言语历尽沧桑,代代相传,逐渐凝聚为汉民族的思想光束和智慧结晶。例如:

| 开天辟地 | 羲皇上人 | 女娲补天 | 后羿射日 | 嫦娥奔月 |
| 夸父逐日 | 精卫填海 | 钻木取火 | | |

——神话传说

揠苗助长	掩耳盗铃	亡羊补牢	守株待兔	惊弓之鸟
叶公好龙	南辕北辙	郑人买履	塞翁失马	滥竽充数
邯郸学步	东施效颦	班门弄斧	狐假虎威	刻舟求剑
买椟还珠				

——寓言故事

卧薪尝胆	老马识途	破釜沉舟	负荆请罪	完璧归赵
纸上谈兵	指鹿为马	围魏救赵	三顾茅庐	望梅止渴
乐不思蜀	洛阳纸贵	闻鸡起舞	高山流水	程门立雪
胸有成竹				

——历史人事

| 脱俗成名 | 超凡入圣 | 推己及人 | 大智若愚 | 大巧似拙 |
| 忧劳兴业 | 厚德载物 | 未雨绸缪 | 有备无患 | 悬崖勒马 |

---

[1] 莫彭龄,蔡廷伟.成语文化论[M].南京:江苏教育出版社,2011:12-22.

成语的文化价值及其呈现方式
——关于中文师范生传统文化教育载体与途径的思考

起死回生　急流勇退　与世无争　学贵有恒　老当益壮
大器晚成　不失本真　闹中取静　居安思危　迷途知返
宠辱不惊

——哲理智慧

上述成语大多出自历代传诵至今的哲学经典、宗教典籍、历史文献、文艺作品。而这些著作对中华民族精神的塑造一直具有不可替代的决定作用。

在一定程度上，越是古老的经典文献，其所贡献的成语往往就越多。肖竹声曾对上海教育出版社《汉语成语词典》中所收的4 600条成语做过统计，发现产生于先秦两汉、魏晋南北朝、隋唐、宋和元明清的成语分别占总数的68%、15%、9%、6%和2%。[1]先秦两汉的经典作品由于历史悠久、传诵不已，无疑成为成语的重要渊薮。表1的数据可资说明。

表1　先秦两汉经典作品中成语数量　　　　单位：条

作品	诗经	楚辞	尚书	周易	礼记	春秋
数量	177	95	152	68	165	34
作品	左传	论语	庄子	孟子	史记	汉书
数量	185	173	161	136	265	158

中古时期的佛经、语录、史书、诗词以及近代的戏曲小说等相承日久，也是成语的主要滋生地。例如，《世说新语》作为一部记录魏晋名士风流的故事集，一向被视为魏晋南北朝时期"笔记小说"的代表作，内中记载的有关魏晋名士的逸闻趣事和玄言清谈往往引得后人津津乐道，并因此而生成了大量的新兴成语，诸如望梅止渴、七步成诗、一览无余、坦腹东床、人琴俱亡、身无长物、标新立异、怅然若失等，总数不下230条。[2]汉译佛经和禅宗语录则是佛源成语的

---

[1] 肖竹声. 四言成语的两项小统计[J]. 中国语文天地, 1987 (5): 29-31.
[2] 李俊华.《世说新语》成语研究[D]. 绵阳：西南科技大学, 2015.

产出大户，成语产量约为 300 条，诸如防意如城、光怪陆离、辩才无碍、不即不离、顶礼膜拜、人生无常、四大皆空、大慈大悲、守口如瓶、心无挂碍、勇猛精进、六根清净。

（二）成语是古代语言文化的活化石

成语一方面在现代汉语中广泛使用，另一方面又比较系统地保留了古代语言文化的遗迹。成语这种"系联古今"的特点，使得后人足以借此窥探、考证那时早已湮灭或久已尘封的古代历史文化信息。据卢卓群 1991 年对《汉语成语词典》所做的统计，在 10 158 条成语中，只有现代用例的为 3.7%，没有语源和出处的为 5.8%。[1] 源流分明、脉络清楚的成语，为开展语言文化考古提供了客观基础。

比如，在华夏文明史上，黄金和玉石作为贵金属和特殊的晶体矿石，很早就获得了先民的青睐并被赋予了高贵而神圣的象征意义。古人时常以金玉同现的方式来喻人喻事。汉语中体现这种认知的成语自然就不在少数，如金枝玉叶、金玉良缘、金玉良言、金玉满堂、金口玉言、金童玉女、堆金积玉、金科玉律、金玉其外、玉圭金臬等。

再如，古代盛行郡望或地望文化。所谓郡望或地望是指某一区域内的名门大族，即当地为众人所仰望的贵显家族，像彭城刘氏、弘农杨氏、博陵崔氏、清河张氏、太原王氏、陇西李氏、吴兴姚氏、高阳许氏等都是古代地望中的代表性姓氏。成语"河东狮吼"中的"河东"是指黄河由北向南所流经的山西西南片区（在黄河以东），即今山西运城、临汾一带，唐代以后泛指山西。柳姓自古就是河东的望族，"河东"遂成为柳姓的标记。苏轼在《寄吴德仁兼简陈季常》诗中提到的"河东狮"指的就是陈季常的夫人柳氏。

随着社会的进化，很多过去的事物或已销声匿迹，或已不为人知，后人有时只能借助成语来窥其一斑。例如，"簠簋不饬"中的"簠""簋"本指两种用来盛黍稷稻粱的青铜礼器，后来泛称餐具；

---

[1] 卢卓群. 成语研究和成语词典的编纂[J]. 湖北大学学报（哲学社会科学版），1991（5）：28-35.

"举案齐眉"中的"案"专指食案,是一种有脚的托盘,可以放在地上;"丝丝入扣"中的"扣"即"筘",是古代织机上的主要机件之一,织布时每条丝线都要从筘齿间穿过。

(三) 成语是汇聚各种语言现象与文化现象的信息树

成语是古人的语言结晶,内中包含了大量古代汉语信息。赵所生所著的《文言快易通:从成语学古汉语》[1]就是以大众喜闻乐见的成语作为切入点,引导人们借助成语来学习古代汉语。比如,否极泰来、暴虎冯河、一曝十寒、心宽体胖、虚与委蛇、无声无臭等成语保存了一些字的古读或旧读;追亡逐北、穷且益坚、若即若离、不名一文、不经之谈等成语则保留了一些字词至今不存的古义和生僻义;时不我待、夜以继日、衣锦还乡、不耻下问、沉鱼落雁、瓜分豆剖等成语则揭示了古代特殊的语法现象;匪夷所思、举一反三、不得要领、被发文身、矢口否认则体现了古代的用字特点。

成语对中华民族独特的心理结构、思维方式、审美观念和价值体系都有较为充分的展示。人们几乎可以从中了解到中华民族文化的各个领域:天文、地理、历法、历史、艺术、服饰、建筑、礼俗、乐律等。

成语准确而生动地表现了人们对人生和社会的认识。有的富有哲理,如否极泰来、物极必反等;有的则体现了人们的生活态度,如随遇而安、安土重迁等。

中国传统文化非常重视教育,不少成语就反映了古代的教育伦理,如师道尊严、尊师重道等。古人把尊师的概念和尊道联系在一起,认为道是整个宇宙人生的真理,实践道就是实现最高的人生价值。只有维护师道尊严,学生才能认识道的崇高,才会尊重老师所传授的道理、知识、技能。如家喻户晓的"程门立雪",便是尊师重道的千古美谈,后世用来形容尊敬老师、虔诚求道。

文学、书法、绘画、音乐、舞蹈等都是民族精神文化中不可或缺

---

[1] 赵所生. 文言快易通:从成语学古汉语 [M]. 北京:北京大众文艺出版社,2004.

的组成部分。成语对之均有较为充分的反映，如反映文学的"文以载道"，反映书法的"飘若浮云，矫若惊龙"，反映绘画的"妙手丹青""吴带当风"等。我国古代的音乐文化相当发达且有特色，将一些反映音乐的成语串联起来，就会显现出我国古代音乐文化的内容。丝竹管弦、金石弦丝、钟鼓齐鸣等成语可以帮助人们了解我国古代的乐器；黄钟大吕、五音六律等成语记录了我国古代特有的音乐（宫调）理论；尽善尽美、余音绕梁则反映了古人对音乐境界的追求。

成语中出现的山水、植物、动物、器物都不是单纯的物象，每一种形象都包含了民族文化的价值观和审美观。山水在成语中不仅具有普通的地理意义，也被赋予了特定的文化内涵。"安（稳）如泰山"比喻地位像泰山一样稳固，不可动摇；"泰山压顶"比喻肩扛重担，压力极大；"泰山北斗"比喻因德高望重而为众人所敬仰的人。繁花似锦、绿草如茵、山明水秀、鸟语花香、万象更新、欣欣向荣既描绘了自然景观，又象征着社会气象。龙、凤、麒麟等灵异动物自古就以高贵、威严的形象被视为祥瑞，相关的成语自然也非同凡响，如"龙飞凤舞"用于形容奔放雄壮的气势或生动活泼的姿态，"百鸟朝凤"用于比喻德高望重者众望所归，"凤鸣麟出"则用于比喻贤人出现。

（四）成语是取之不尽、用之不竭的资源库

成语的文化内涵博大精深，对于我国各个方面文化的发掘都有极大的意义，可以进行多元开发。

比如，现代旅游实际上是一项以精神、文化需求和享受为基础的，涉及经济、政治、社会、国际交流等内容的综合性大众活动。旅游行为是一种文化消费行为。在旅游的开发规划过程中，一定要以文化为基础，以文化为灵魂，以文化为核心。而成语恰恰浓缩了中华文化的各个时期和各个方面。全面、深入地挖掘、研究成语典故，对于打造文化品牌、促进旅游经济发展具有积极的现实意义。

1. 成语之于地脉、文脉文化的挖掘

地脉、文脉是现实的文化存在，也是当下生态保护和旅游开发的主题之一。例如,"虎踞龙盘"反映的就是江苏南京的特殊地脉。南京襟江带河,依山傍水,钟山龙蟠,石头虎踞,山川秀美,古迹众多。三国人物诸葛亮曾点评道:"钟阜龙盘,石城虎踞,真帝王之宅。"[1]孙中山也在《建国方略》中大加赞赏:"南京为中国古都,在北京之前。其地有高山,有深水,有平原。此三种天工钟毓一处,在世界之大都市诚难觅如此佳境也。"

2. 成语之于潜在旅游资源的开发

"泾渭分明"出自《诗经·邶风·谷风》:"泾以渭浊,湜湜其沚。"传说古时泾河的水清,渭河的水浊,两河在交汇处有一条明显的分界线。但是,历史上对于泾河渭河谁清谁浊一直存有争论。因为这一缘故,每年往泾渭会合处看"泾渭分明"的人不少。现在,当地人已经发现了这一潜在的旅游资源,准备利用游艇,载送游人到"泾渭分明"去看个究竟。若是没有"泾渭分明"这个成语,恐怕泾渭分明处就只能永远是潜在资源了。

3. 成语之于现存旅游景点的提升

已开发的旅游景点所拥有的吸引力是一定的,和其他的产品一样,现存旅游景点也有一定的生命周期,需要增加内涵,不断地提高吸引力。而成语文化可谓包罗万象,对于丰富旅游景点内涵,增加吸引力有一定的作用。唐朝诗人常建曾到破山寺游玩,并欣然在寺院的墙壁上写下了著名的《题破山寺后禅院》:"清晨入古寺,初日照高林。曲径通幽处,禅房花木深。山光悦鸟性,潭影空人心。万籁此俱寂,但余钟磬音。"破山寺即位于常熟虞山北麓的兴福寺,是南齐时郴州刺史倪德光施舍宅园改建的,到唐代已属古寺。寺院坐落在深山花木丛中,通往禅房僧院的道路起伏不平、蜿蜒曲折,必须经过艰苦跋涉才能到达。

4. 成语之于旅游形象的宣传

成语作为一种语言,在人们的日常生活中使用频率都很高,这样对于与成语相关的旅游地或者旅游景点就起到了一种宣传作用。成语

---

[1] 顾野王. 舆地志辑注[M]. 上海:上海古籍出版社,2011.

"夜郎自大"讥讽了两千多年前的古夜郎国王，看似有点让贵州蒙受历史垢名，但实际使贵州名播古今中外。贵州就借夜郎之名开发了多种与夜郎文化相关的旅游景点。

近年来，河北邯郸丛台区三陵乡正在打造"成语特色小镇"。总体方案是：以成语为聚焦点，以中华传统为主脉络，挖掘中华优秀传统文化，塑造小镇文化产业集聚地。以成语文化为核心，以成语研究院为基点，围绕成语理论研究和应用，打造成语教育、研究、收藏、文创、会展等核心产品，传承古典文化，并向世界展现中华文化风采。成语小镇文化产业区将依托世界谚语文化节、成语动漫剧、成语博览馆、成语书局、成语老剧场、成语主题酒店、成语冬（夏）令营、研学教育基地等具象业态对外呈现。2018年11月1日—11月2日，邯郸市社科联、成语小镇（邯郸）旅游开发有限公司共同主办了以"承继成语文化　聚智产业未来"为主题的2018年首届中国成语文化高峰论坛。

三、成语文化内涵的呈现方式

中国传统文化教育的核心是汉语言文化教育，而汉语言文化教育的重要载体和基本途径就是语文教学。鉴于语文教学承担着工具性和人文性的双重职能，重视语文学科的文化内涵、加强学生传统文化教育就成为语文教师义不容辞的职责。作为中小学语文教师的后备力量，师范生的传统文化素养就显得十分紧要。因此，在中文师范专业教育中，传统文化教育无疑应该占据一席之地。成语教学经济而实惠，无疑应该成为传统文化教育有力而轻捷的抓手。具体说来，可以从以下几个方面展开。

（一）开设以成语为基本素材的"汉语与汉文化"必修或选修课

语言是文化信息的载体和储存文化的容器，也是文化的主要传播方式之一。汉语所具有的杂合性、意合性、简约性、有序性等特点使得它与文化的关系更为紧密。成语不仅凝聚了汉语的上述特点，而且

成语的文化价值及其呈现方式
——关于中文师范生传统文化教育载体与途径的思考

体现得尤为充分，完全可以充任汉文化教学的基本元素和主体材料。

比如，在中国文化中，宗教除了道教、佛教等神宗教外，还有儒教这样的人宗教（圣宗教）。作为汉语词汇中的重要板块，成语对中华民族的宗教文化几乎有全方位的反映。像诗书礼乐、半部论语、不塞不流、不止不行、攻乎异端、天下大同、微言大义、邹鲁遗风、近悦远来、天下归心、博施济众、文质彬彬、望而生畏、威而不猛、求志达道、仁人志士、心志难夺等都是反映儒家思想的成语，明镜止水、上善若水、无中生有、不法常可、得意忘言、无为而治、安危相易、祸福相依、大音希声、出神入化、内圣外王、功成不居等都是反映道家思想的成语，而生老病死、菩萨心肠、大千世界、不可思议、一丝不挂、芸芸众生、想入非非、盲人摸象、三心二意、在劫难逃、苦海无边、执迷不悟、当头棒喝、走火入魔、十恶不赦、七手八脚、顽石点头、借花献佛、家贼难防、羚羊挂角、森罗万象则是反映佛家思想的成语。

婚恋文化也是传统文化的主体内容之一，相关的成语自然不在少数。例如，《诗经》和乐府民歌中就有大量的婚恋成语，是后人窥探先秦两汉和魏晋南北朝婚恋文化的一扇窗户。据统计，《诗经》中与婚恋相关的成语约有 44 条。其中表示恋爱的成语有辗转反侧、梦寐以求、求之不得、蒹葭伊人、一日三秋、抱布贸丝、信誓旦旦、人言可畏，表示婚庆的成语有凤凰于飞、天作之合、新婚宴尔、夭桃秾李、宜室宜家、琴瑟静好，表示婚姻节操的成语有柏舟之誓、之死靡他、匪石之心、惊龙感悦、蘋蘩之托、多露之嫌、中冓之言，还有表示婚变的成语如咥然其笑、二三其德、弃之如遗、遇人不淑等。这些成语几乎全方位地展现了先秦社会的婚恋状况。

其他如饮食文化、服饰文化、起居文化、生肖文化、丧葬文化等也都能借助相应的成语来加以展示或呈现。

（二）编纂新型的成语知识词典

目前坊间流行的成语词典，大多是语词类的，一般遵循的是条目→注音→出处→释义→用法的编写套路，旨在帮助读者了解成语的音义、掌握成语的用法。此类词典尽管简明实用，但普遍忽视了对成语知识背景尤其是文化背景的揭橥，致使读者知其然而不知其所以然。而新型的成语词典除了提供常规的语词信息外，应将重点置于成语文化内涵的揭示与说明上。这方面的内容可作为拓展的内容加以标注，并在需要的时候辅以图片。以下两个成语可资说明。

信口雌黄 xìn kǒu cí huáng

【解释】信口：随口乱说；雌黄：橙黄色的鸡冠石。古时写字用黄纸，写错了就用雌黄涂了重写。比喻不顾事实，随口乱说。

【由来】晋·孙盛《晋阳秋》："王衍，字夷甫，能言，于意有不安者，辄更易之，时号口中雌黄。"

【示例】这是人命关天的大事，我怎么能信口雌黄？（邓一光《我是太阳》）

【点拨】多用来指人说话反复无常。

【拓展】雌黄是一种单斜晶系矿石，主要成分是三硫化二砷，质脆易碎，一般呈橙红色或橙黄色，有剧毒。雌黄也可作中药药材，具有燥湿、祛痰、化瘀、杀虫等功效。

一概而论 yī gài' ér lùn

【解释】概：旧时用来刮平米斗的木尺，比喻标准。按照同一个标准来衡量。指用同一种标准来看待或处理不同的问题，不加区别。

【由来】唐·刘知几《史通·叙事》："而作者安可以今方古，一概而论得失？"

【示例】然而天下事，却也未可机械地一概而论。（李六如《六十年的变迁》第十章）

【点拨】多表示贬义，一般用在否定句中。

【拓展】旧时多以升斗等器具来计量粮食。为了做到买卖公平，人们在将粮食倒入升斗后，会用木尺（概）刮平粮食。

（三）撰写富有特色的成语校本教材

校本课程开发是指学校为了达到教育目的或解决学校的教育问题，依据学校自身的性质、特点、条件以及资源，由学校教育人员与校外团体或个人合作开展的课程开发活动。校本课程开发是学校以其特色需求为目标的自发性课程发展的过程，在一定程度上能够兼顾地区性或校际的差异，有利于教师根据本地区、本校的特点在课堂上灵活地运用。校本课程开发离不开校本教材的编纂。

在开发人文类校本课程和校本教材的过程中，成语可以成为一个重要的选项。例如，邯郸本地的中学就可以邯郸成语故事为资源来开发初中美术线描校本课程和教材。这种开发既传承了中国的线描艺术，又把邯郸的成语文化发扬光大，无疑能大大提高师生对地域传统文化内涵的理解与学习。又如，古典诗词中有大量的成语，有些资源匮乏的学校完全可以据此开设"诗词成语诵读"校本课程并编纂相应的教材。

（四）打造富有特色的成语文化创意产品

当下社会，文化创意产业方兴未艾。文化创意产业是一种在经济全球化背景下产生的以创造力为核心的新兴产业，是一种主体文化或文化因素依靠个人或团队借助技术、创意和产业化的方式开发，营销知识产权的行业。文化创意产业广泛覆盖广播影视、动漫、音像、传媒、视觉艺术、表演艺术、工艺与设计、雕塑、环境艺术、广告装潢、服装设计、软件和计算机服务等领域。受世界潮流的驱动，中国近年来日益重视文化创意产业的发展。

文化创意产业必须要为社会提供有价值的文化创意产品。文化创意产品也称为文化衍生品，即以某种特定的文化形态或文化内涵以及义化背景为基础，通过创造性思维，将文化元素与实用物品相结合所研发出来的产品。利用成语来打造文化创意产品不仅可行，而且具有极大的可拓展空间。具体说来，以成语为元素的文化创意产品大致包括以下几个方面：

一是筹建成语文化博览园（馆）。该园（馆）的文化创意产品就是利用成语来开发具有纪念意义或实用功能的产品，传递与成语主题相关的历史、文化信息，并注重赋予地方特色和艺术气息。据悉，总投资30亿元的河北省重点项目——邯郸中华成语文化博览园项目已经完成土建，即将开园。整个博览园分为主题园区、园外集散区等多个功能区，其中主题园主要包括牛郎织女、黄粱一梦、龙行天下、女娲补天、千古风华等11个室内大型项目。

二是组织形式不一的成语知识竞赛。例如，河南卫视于2013年推出的《成语英雄》就是一档家人搭档参与的成语竞猜互动节目，是《汉字英雄》的姊妹篇。节目形式为演播室成语竞猜，以画画猜成语为核心，其中融入成语故事及选手间的情感故事。又如，中央电视台举办的"中国成语大会"是继《中国汉字听写大会》之后的又一档有重大影响力的大型电视文化节目，于2014年4月18日起登陆央视十套，迄今已成功推出三季。

三是绘制各省市乃至全国范围内的成语地图。当下人文资源备受重视，各地都绘制了所谓的人文地图。成语也在人文资源之列，应该可以借助地图的形式加以呈现。成语地图就是在地图上标明一些知名成语的原产地，以显示当地的历史掌故与文脉传统。江苏省中华成语研究会目前已经承接了江苏省社科联的一个研究项目，正在从事江苏成语地图的绘制工作。

四是组织学生适时开展成语文化游。文化旅游是指通过旅游实现感知、了解、体察人类文化具体内容之目的的行为过程。文化旅游是一种深度游，有助于旅游产品的开发与推广，有助于提升旅游的品质，有助于传播地方文化品牌。成语资源丰厚的地方如河北邯郸、江苏南京和苏州完全可以开发"带着成语游××"这样的文化旅游项目。一些成语资源稀缺的地区也可以走这种终南捷径。例如，江苏常州和如东分别流传着一个"纸城铁人"和"智女掘港"的地方性成语。这种地方性成语在当地家喻户晓，外人则知之甚少。当地文旅部门完全可以将之精心打造成旅游产品，放手一搏，以此来赢得外界的关注。

四、结语

成语作为特殊的词汇单位和文化载体,在当下的基础教育领域和汉语国际教育教学领域备受重视,研究范围日趋拓展,教学成果也日新月异。相比之下,在中文师范专业的传统语言文化教学中,成语作为一种经济实用的教学抓手似乎尚未引起足够的重视,还处于冷落和闲置状态。就此而言,成语在中文师范专业教学中的价值认知和功能认知层面的作用尚需提升,它的应用前景应该还是广阔无边的。

小学语文课文中"四大名著"改写选入的反思

——兼谈小学语文教材的价值观

陈国安

曾几何时中国古典文学"四大名著"成了中国中小学生的必读书,高考时至少文科考生必考此内容,可是,中小学生对阅读原著多少有些畏难情绪,于是乎,铺天盖地的"改写版""青少版"的"四大名著"应运而生。小学语文教材编选者也觉得课文中"四大名著"不可或缺,同时又担心学生无法"正常阅读"古代白话小说原文,于是,将"四大名著"中的选段以"现代白话"文体改写成小学语文课文(下面简称为"课文")也就理所当然了。由于《红楼梦》从"思想"呈现到小说"写法"均极难用现代白话文改写,因此,至今尚未见到把《红楼梦》改写成课文的例子,其他三部"名著",均有改写成课文的情况,不过出于各种考虑,各出版社选择的章节略有不同。

欲阐明"四大名著"改写成课文的立场,绕不过的一个问题就是:小学语文教材的价值观。小学语文教材的价值观主要体现在小学语文教材的课文编选上,即学生所读到的作为课文的文本。教材中作为课文的文本的整体形态是小学语文教材价值观的主要体现。那么课文的价值观有哪些呢?这是教材编选时要考虑的首要问题,这关乎什么内容可以选入或不能选入、以何种语言形态选入编成课文等的问题。

小学语文课文中"四大名著"改写选入的反思
——兼谈小学语文教材的价值观

一般而言，小学语文教材的价值观应该有哪些呢？我觉得一套小学语文教材的价值观至少应该有五个"关注"：言语、母语、文学、史料和教育价值。

言语价值指的是课文应该是言语活动规范的实用文本。言语活动既包括言语的理解，也包括言语的表达；既包括说出来的话和写出来的文辞篇章，也包括说话和写文辞篇章的过程。由于小学、初中和高中的语文教学各有侧重，小学语文在言语价值方面应该以规范性为核心，同时也应该强调实际生活中言语活动的需要，即课文应该帮助学生在生活中准确地理解别人的语言文本（包括别人所说的话语），同时也应该有助于学生规范地用语言进行情感和思想的表达。因此，课文既要体现书面语言的规范，也要再现口头语言的规范。诸如苏教版《田园诗情》一篇，在言语规范性上出现的那么多的问题可视为言语价值的缺失。当然我们在书面语文本中要注意特殊的口头语的言语价值，如一些小说中的对话，这是体现人物性格的主要方面，一般不能做出不恰当的删改，如人教版《慈母情深》中母亲和其同事的对话的删改就无视这一言语价值，使得文本成为所谓规范性的"教材体"文本，小说的文学言语特征丧失了。

母语价值指的是课文应该体现母语的基本特征和语言传统。作为母语的汉语系统有两翼：现代汉语系统和古代汉语系统，目前小学语文教学的关注点基本在现代汉语系统。小学六年只学20首左右的古代诗词，这是不能说我们的语文教学拥有了古代汉语系统这一翼的，在某种程度上，现在的小学语文教学实际上是"单翼飞行"的。现代汉语系统未形成之前的蒙学教材多为韵语形式，这体现了汉语（母语）音律美的基本特征。李白的《静夜思》能入选课文不仅因为其写乡愁动人心魄，反映了民族审美心理，同时也因其为唐诗声律优美的代表，虽然用严格的近体诗格律衡量可知其并非为格律诗，但是著名的唐诗选本和清代流行的蒙学教材《唐诗三百首》都将其归入"五绝"，所以从侧面可知其声律的动人了。现代汉语系统的基本特征是区别于古代汉语系统而言的，我们认为主要有三个方面的不同：段落、标点和三类助词。即便是古代白话小说，"在创作时原本是不分段落的,往往一回即一段",现代汉语文本一般是分段落构成的;标点在现代汉语文本中除了有语法功能外还有情感语义的功能;三类助词指的是不同于古代汉语系统的结构助词"的、地、得",动态助词"着、了、过"及语气助词"了、吗、吧"。课文应该体现现代汉语系统在这三个方面的规范性和艺术性。如课文《黄河的主人》,将原来"一,二,三,四,五,六"处的逗号悉数改为顿号,原来逗号所体现的情感价值没有了,这就未能关注现代汉语系统的价值。

文学价值指的是指课文不仅应该具有规范性、实用性,还应该具有文学性,课文最好是一个审美的文学文本。由于语言教学和文学教育目前仍"纠缠"在一个"语文"体系中,所以这一价值的关注程度在小学阶段极其微弱,文学教育被语言教学的功能残酷剥离。当然所有课文不能都用"文学作品"的标准来要求,但是我们也不能把原本极有语言审美性的文学作品肆意"改动"成一个仅仅语言规范或儿童能懂的"课文"吧?优美散文《珍珠鸟》的改动便是其中典型的例证。文学教育因将文学作品改成语言教学所需的"实用文本"而丧失了基本条件,这是我们这个时代文学教育的悲哀。

史料价值指的是课文应该成为学习者了解本民族的重要文本。不是说每一篇课文都要体现这一价值观,而是整套教材所有的课文系连起来要展现本民族的历史、文化和群体心理。课文应从一个民族历史、文化、心理的任何一个角度出发,充分地展示其民族特征,它要有效地体显民族的积极、健康、优秀的方面,最大限度地规避民族的丑陋、恶劣、虚假、低俗的方面,当然,不能回避本民族历史上的"弯道"和错误甚或罪恶。一个民族只有学会真实地反省才会有"人类"意义上的进步。当然,我们并不主张在小学阶段通过课文告诉学生关于我们这个民族的所有历史,这大可不必,事实上也无法做到,如此,我们就应该选择能够凸显民族自信力的历史场景,用恰当的文本激发孩子的民族自豪感。如《黄河的主人》,这是一篇用诗一般的语言写下的一个时代的民族心理,在那个苦难的时代,我们只有"战天斗地"才能够建设"一穷二白"的国家。当然这一文本(课文)价值观在今天看来需要做出新的诠释,从战胜自然到顺应自然,

小学语文课文中"四大名著"改写选入的反思
——兼谈小学语文教材的价值观

从顺应自然到与自然和谐相处,从拥抱自然到敬畏自然,我们在今天可以做出各种角度的诠释,但是我们这个民族当年确实就是斗志昂扬地歌颂着这"与天斗与地斗"的革命浪漫主义,我们不是要孩子对文本做出对与错的判断,而是要引导孩子通过文本(课文)去理解我们这个民族在那一时代的艰辛。

具体到一篇课文中上述四种价值未必均要获得体现,其实,也不可能如上这四种价值在一个文本中都能获得高分。我们认为落实到具体的文本上,在其中某一方面获得较高的价值,在其他方面不出现负向价值即能入选课文。但是有一种价值是必须所有的课文都要获得高分才能入选:教育价值。在这一价值衡量之下,文本所获分数低者慎入,负分者坚决不选入课文!

教育价值指的是课文要符合学生(儿童)接受的特征并有利于孩子健全人格的建构和健康的情感及心理的养成。教育价值立足于普通人的正常价值立场,而不是让英雄圣人以压倒性状态成为课文的主体,比如《普罗米修斯"盗火"》这样一个神话在课文中呈现,并在一般的课堂上演绎的是对英雄普罗米修斯"盗火"造福人类的赞颂,对宙斯主神暴君行为的谴责。然而,我们是否忽视了正确价值观的问题呢?基本的事实是:在规定没有发生改变的时候,普罗米修斯盗火违反规定要不要受到惩罚?宙斯惩罚是否就是暴君的行为?认同普罗米修斯为英雄是人站在人类受惠的既得利益者的立场上的判断,这样的判断是否合适呢?这涉及人生观与世界观的价值立场,因此我们在课文中应该做出正确的提示和显现,否则对孩子健全人格的建构会有不好的引导。

教育价值要关注孩子的心理健康和价值取向的形成过程,人总要经历悲欢离合,美好与苦难将在孩子未来的人生中同时存在,在正常的判断中让孩子获得健康的心理和情感,哪怕要毅然接受因自己的错误行为而应得的惩罚。《哪吒闹海》的改编实在说不上高明。还原一下哪吒闹海的整个事件,我们可以知道苏教版《哪吒闹海》前面增写的一段"东海龙王父子称霸一方,经常兴风作浪,害得人们不敢下海捕鱼,哪吒决定治一治他们,为百姓出一口气",其实是为了凸显哪吒为小英雄，从而歪曲了原著。在《封神演义》中哪吒这一形象是天不怕地不怕的顽皮闯祸的孩子，因为闯了大祸，所以接受了惩罚。哪吒去东海洗澡是因为天热，同时不知道自己两件宝贝的威力，撼动了龙宫，夜叉出来看竟被打死，三太子出来讨说法又被打死。整个事件龙王父子始终站在"理"的一边，改写之后，哪吒成为一个为民除害的小英雄的教育性一定比做错了事情要接受应有的惩罚的教育性强吗？

教育价值在课文编选时应该成为最后一道关卡，并且是具有一票否决权的价值标准。由教材价值观的五个方面来审视"四大名著"选入课文的问题，我们也许就容易做出相对清醒的判断了。

"四大名著"之说具体起于何时恐难考订，李渔曾在醉耕堂刊本《三国志演义》作序称："冯梦龙亦有四大奇书之目，曰三国也，水浒也，西游与金瓶梅也……"这是将明代四部古代白话长篇章回体小说统称为"四大奇书"的提法。近现代学者也有将《三国演义》《水浒传》《西游记》和清代的《红楼梦》合称为"明清四大小说"的提法，而其文学史地位一再提高则是在中华人民共和国成立之后。将"明清四大小说"提高成"四大名著"是特定时期的文化主流价值观所决定的，中华人民共和国成立初期文化主流价值观主要是体现农民起义和反封建的革命性，这四部小说是极为合适的中国文学的代表。《三国演义》是一部描写有着纯正血统（刘氏）的汉代农民起义的小说；《水浒传》是彻头彻尾的描写宋代农民起义的小说；《西游记》有孙悟空把水中、阴间和天上的皇帝统统赶下龙椅的故事；《红楼梦》是一部为封建统治阶级"送葬的挽歌"。任何一种经典的确立都是某一特定时期文化价值观的集中体现。

"考察不同时代、不同民族的文学作品的经典化过程与解经典化过程，以及不同时代、不同民族的人对文学经典的接受方式与阅读态度，就不仅具有文学史的意义，而且也是勘测社会文化史的重要线索。

小学语文课文中"四大名著"改写选入的反思
——兼谈小学语文教材的价值观

应该说,"四大名著"入选课文其史料价值很强。

"四大名著"在文学史上的地位随着研究的深入越来越得到公认,其文学价值自然也是极大的。然而文学价值不是仅仅通过内容来体现的,也不是依靠情节故事就能够凸显的,文学价值必须通过语言表达的艺术性才能显现,文学是语言的艺术。"四大名著"的文学价值要通过古代白话章回体小说的语言形式体现,若语言形式改变了,只有相同的故事,那么其文学性或文学价值是无法同时存在的,皮之不存,毛将焉附?因此无论出于何种目的,用现代白话文形式改写"四大名著"之后的文本都不能再拥有"四大名著"的文学艺术性和文学价值,因此"四大名著"有极高的文学价值不能递推或等同于经过改写的"四大名著"课文就有很好的文学价值!(同样,所有"青少版""改写版"的"四大名著"也无法拥有"四大名著"原本的文学价值。)因为这两者之间作为文学文本来考察,唯一相同的只是故事情节,而改写者似乎也从未署上姓名,因此不能把曹雪芹他们所创造的文学价值成就落到一个个"无名氏"的头上。由此来看,"四大名著"以原文选入课文的文学价值较高,修改成现代白话文本的文学价值是无从判断的。

由此,我们可以进一步得出结论:经过改写的"四大名著"的文本的言语价值因为创作者水平的高低很难作出判定,同时,经过改写的"四大名著"课文的母语价值是不存在的。因为,只有以明清白话文的语体形式出现才是母语在明清时期小说发展艺术史上的价值体现,否则仅仅因情节的相同就可以说是具有同样的母语价值,那是不符合小说艺术性评价标准的。

在情节的选择上,我们也要尽量有效规避现在社会文化视野下的基本价值观中错误的方面。如《林冲棒打洪教头》,在主题的选择上固然是对的,要学生接受"虚心谦让使人成功,嚣张无礼使人失败"的道理,但是在细节上没有能够规避柴进用钱贿赂解差开枷的问题。

若诸如柴进私开刑具尚有林冲被冤枉这样的背景的话,整部《水浒传》充满着血腥和暴力,在学生的世界观尚未形成的时候其教育价值绝对是负值,并且也非所有上梁山的好汉都是被腐败的官府逼迫，如石秀、杨雄、时迁等完全就是犯罪之后逃上梁山者。《三国演义》中的"虚伪"、《西游记》中"官场哲学"的恶俗体现均不能获得正面的教育价值，《红楼梦》的主题思想实在无法让一位小学生理解，在儿童特征的衡量下也是无法提供正面价值的。承认"四大名著"是优秀文化的代表，不能成为一定要将其选入课本的理由，何况是在教育价值的评判中，"四大名著"只能获得负分的最后"关口"里。我认为"四大名著"不能改写后选入课文，并且决不能整本作为教育内容或课外阅读的必选部分。

至于"四大名著"改写成课文后涉及的语言问题，限于篇幅，笔者将另文论述。最后还需要补充的是：我国文学传统中的主流是诗歌与散文（包括骈文），小说作为后起的文学样式，到现代文学视野中才渐成为主流，因此以继承中国传统文化或让学生获得中国古代文学的丰富体验的理由，认为一定要选入"四大名著"也是说不通的。

（本文原载于《小学语文教学》，2013年第10期，有删改。）

把"作文"说清楚
——作文评价的前提

陈国安

作文教学是语文教学中的难题,而作文评价及与之相应的写作活动或作文教学评价则是难题中的"瓶颈"——笔者想到的是有几个问题我们至今尚未厘清。

一、厘清三个问题与分清"三种"作文

作文教学有三种不好的状况:一是自以为是,假设有一套"作文秘籍"可以让学生在考场上无往不胜,教师不断在扮演"魔术大师"和"算命先生";二是稍有反思,几十年不见功效,甚至是每况愈下,于是沮丧地认为,作文是教不会的;三是认知玄乎,多写就行,写"多"了自然也就能够写"通"了。

正在讨论的观点和没有弄清楚的问题,固然还有很多很多,但这都属于一厢情愿或是在应试的话语场中费力而无效。笔者想说的是,作文教学需要从其本来的"基本概念"入手,条分缕析,这样才能从"根子"上解决一些问题。

在语文教育语境中,"作文"只是一个词,但是,用一种方法去训练或用一个系统去培养,用一种标准去评价或用一个作家做示范其实都只能解决"一种""写"。笔者一直倡导文学和语言教育分开来,阅读和写作教学分开来。分开来的写作(或作文)教学是不是就可以用一种方法、一个标准了呢?一定不是!譬如评价,文学教育的作

文和语言教育的作文一定是不一样的标准，前者应考虑丰富艺术的标准，后者应考虑准确清通的标准。当然还有一种与语文教育有关，但并不求作者（学生）在语文教育活动中充分交流，只是对自己生活记录的作文，其标准则力求真实自我书写。所以，笔者认为，作文作为一个基本的概念在中小学语文教育的语境中至少有三个义项：作为文学创作的作文、作为语言交流的作文和作为生活记录的作文。这三种作文有不同的标准，故对应的三种写作能力也就有不同的培养方法，三种作文的课堂教学也就有不同的价值取向。

还有一个基本问题需要厘清，那就是影响一个人写作能力的要素有哪些，哪些是可以通过教学来解决的，哪些是无法通过教学来解决的。笔者一直认为影响一个人的写作能力的要素有：天赋、生活、阅读、训练、指导……我们一看就知道：天赋，教学无法解决；生活，教学也无法改变，但是教学可以引导孩子发现生活；教学通过阅读、训练和指导来帮助一个人提升写作能力，这似乎最靠谱。其实，写作过程是个黑箱。许多教师包括名师，高估了自己的能力，总以为写作就像母鸡下蛋，给一把米就能下一个蛋，但其实鸡是这样下蛋的吗？要厘清这个问题，我们就要知道，在语文教育的语境中，写作能力来自何处，而实际上最重要的是阅读，这才是读写为何要结合的原因。通过学习名作对生活的描写提高孩子发现生活的能力，多鼓励写作的真切训练，能够即时指导，这是教学应该关注的。

第三个需要厘清的问题是评价，评价的对象是什么？是作文、写作活动，还是作文教学活动？这是三个不同的对象，我们使用的评价手段和标准也是不同的，而在今天我们似乎都含混说事，非但说不清楚，反而引起更大的混乱。于是，模仿与创新（以前叫"模仿作文"与"放手作文"）争论不下，甚至有人从"东洋""西洋"弄一些课堂例子来讨伐我们的作文教学。我觉得还是要把评价对象弄清楚，不要看着老张戴的帽子却指着老李的头顶说事，这样比张冠李戴还要有危害。比如批评学生的作文写得很规矩，观点有些陈旧，说这是八股文！这样的批评要不得。我很奇怪，这些评价观念什么时候成为不用证明就已经成立的判断的呢！八股文，现在批评它的人有几个是懂它的。一个根本不知道八股文长什么样子的人肆意地痛斥其很丑，不能学。这便是今天的普遍状态。一个根本背不出几篇大家公认的好文章的人在说作文应该怎样怎样写，你能信吗？也许他（她）说得很对，但是笔者们往往是在用评价一个漂亮女子的标准在批评一个大小伙子，甚至是在用一个评价生孩子的过程是否安全健康科学的标准在批评一个孩子不优秀。诸如此类，我想这样的批评是不可取的。

今天的作文教学很不理想，也没有一套作文教材可以被第一线的老师作为依据，这都是需要批评的。但是批评之前，在厘清对象之后，我们不妨因着不同的对象先——提出基本的原则再给出评价标准，认可符合标准的，表扬超出标准的，批评低于标准的。虽然这样未必能够一下子解决问题，但是笔者想路径应该不错，这就利于慢慢解决问题了。作文教学和语文教育以至整个中国教育甚或整个今天的教育已经走得很悲惨了，导致出现这样的局面的原因很复杂，也不是一时能够解决的，所以作文教学及其评价问题，笔者主张，先拿出一个评价原则来讨论，然后在一定共识的基础上订立具体标准，大家在讨论中实践，在实践中完善。在原则标准、大体方向不错且已得到绝大部分研究者、实践者认可的时候，开始编教材，再实践，让评价原则、标准与教材融合，产生改变时下作文教学弊端的力量。有人说，你说得太轻松了吧，高考的作文评价标准没有改变，这样的实践有用吗？这诚然是个问题。

二、对高考作文评分细则的审视

以大多数语文高考作文题为例，题干多为："根据以下材料，选取角度（或再加一个：立意自定），自拟题目，写一篇不少于800字的文章；文体不限，诗歌除外。"就题干而言，请看对作文提出的评价标准：不少于800字，不准写诗歌（可能考虑的是"诗歌表达"的评价标准麻烦）。根据以下材料，这是读的要求；选取角度或立意自定，自拟题目，出题人仿佛在说："我不管了，怕你们跑题，自己看着办吧，记住不要一个字都不和材料搭边就行啦。"这是试卷上的题目对作文的评价提出的要求，再以阅卷时大多数作文评分标准（评分细则）为依据来看看我们对高考作文提出的标准是怎样的呢？

以江苏省高考作文评分细则（2011年）为例，细则涉及切题、立意、选材、结构、语言和文体六个方面。切题与否，其实只要弄懂题干中关键词的语义即算切题，比如，题干关键词为"平庸"，只要你知道"平庸"的意思，没有弄错，即为切题。理解成"平凡"，基本切题；理解成"庸俗"，不切题。立意的评价细则有：独到深刻、准确；正确或基本正确；牵强有误或不正确。这显然是把审题的标准分成两部分：切题和立意。选材的评价细则：论据新颖典型，能证明观点；论据一般平常，能证明观点；论据很差或编造，基本或不能证明观点。显然这是针对论述文的，如果学生写一篇小说，这一标准是否可以忽略或者直接给不及格？结构的评价细则：精巧严谨、完整有特点；基本完整；逻辑不清、无章无法。不知道写一个剧本在这一条上会怎么样评判？语言的细则：精彩生动、准确恰当；通顺平实；语病粗俗。这一细则比较容易把握。文体的细则：记叙文或议论文文体模糊不清、不伦不类的，不及格。本来没问题，看到这里，笔者觉得我们的作文教学实在是问题不轻。记叙文、议论文、说明文，以前还有分出描写文的，这些属于语言交流的作文文类，也就是说是关于社会生活实用的，习惯上又被说成是文章。那么，文学作品的文体我们一般又分为诗歌、散文、戏剧和小说，而题干已说明"诗歌除外"，也就是说高考的时候以文章和文学作品的文体分类来说，学生可以写记叙文，那么有"记叙"属性的叙事写人散文、小说和戏剧都可以；学生可以写议论文，那么有"议论"属性的说理散文（杂文可作一种）也算其中。当然散文诗之类的文学作品自然就不在考虑之列了。从这一番的概念辨析我们可以看出，高考作文对文体的评价标准是简单且混乱的，除了不要写诗歌之外，等于没有做出评价。而语言和结构的评价是直接与文体密切联系的，若对文体本身标准不清，由此含混的标准再回过去拷问与之密切关联的阅卷时给出的细则是否准确呢？答案自明！皮之不存，毛将焉附！至于阅卷的时候对错别字和粗俗语言的标准限定，这几乎不用特别说明，是大家都能接受的标准。

不过，若写一篇小说，就要刻画一位粗俗的人物形象，该人物的话语内容在引号里面出现了粗俗的语言，算不算不够标准呢？

也许大家已经意识到这样的作文评分细则不能与我们倡导的作文教学方向自洽，于是在2015年又做了调整：切题、立意、结构、语言和记叙文、议论文。记叙文最高分的细则为："文章意蕴在材料的核心处，且写作有巧妙而机智的构思，有生动传神的细节，有浓郁而清新的文采，故事有真实感和亲近感。"故事有真实感，意味着可以是虚构的，但要说得像真的一样，显然所有的内容都指向文学作品的作文。论述文的最高分细则为："紧扣'智慧'进行深入分析，对'智慧'概念界定准确，论证有合理的逻辑性，体现出相当的思想和写作的智慧。"相当的思想和写作的智慧，当然不是指的一般的语言交流的作文。可见，高考作文的评价是写成文学作品式的（似的）作文，这便是作文的最高水平。评价使用的标准是文学作品的标准。再看不及格的作文细则，记叙文为"主题与材料中心几乎没有关联，且故事虚假，记叙描写能力较弱"，议论文为"基本没有论证，关键概念'整体打包'；或者一味例证且止于一个层面，缺少逻辑性；或者片段分离，硬贴标签"。这两种文体作文不及格的细则内容都是用了语言交流的作文标准。似乎，高考作文的标准简单来说：能写成文学作品样子的作文得高分；不能写成语言交流的文章不及格。可是，题干有这样的暗示，且以否定的形式规定：诗歌除外。这明确告诉我们，要写成诗歌除外的文学作品。而一看到评分细则之后，赫然在目的是记叙文和议论文，这是思想和情感用书面语言交流的文章，前面暗示的不能不算，于是我们可以发现，带有文学作品的艺术性的文章（记叙文和议论文）才是我们要的高分作文！同时我们还发现，切题与否是文章的标准，因为文学作品有时可以隐晦到"无题"。立意、结构、语言，高标准是文学创作的要求，低标准是语言交流的要求。可见，文体的评分标准，很尴尬，是挂着语言交流标准的"羊头"，却大声嚷嚷着最好的肉是"狗肉"。

读到这里，很多人说："你太吹毛求疵，烦琐哲学地分析了！一点也不考虑高中生的高考作文的实际情况，我们哪里会写小说，再说，小说如何与散文区分呢？我们怎么知道是否虚构的呢？哪里有学生写剧本的呢？"笔者想说的是，为什么没有虚构小说？为什么没有剧本？那么散文呢？作为文学作品的散文和一般生活实用的记叙文和议论文有何不同的标准呢？高考的作文标准究竟应该是按文学作品的要求来呢，还是按实用语言交流的文章标准来呢？这些问题我们似乎没有弄清楚，所以依据高考作文的评分标准来进行作文教学似乎也就是骗骗人的客套话了吧！

三、三种作文、写作和作文教学活动的评价原则

要弄清楚作文的标准，先要弄清楚三类作文的功能。作为文学创作的作文，是"为了审美"的艺术作品，它要艺术地表达属于个体独立的思考和独特的感情，别人一时懂与不懂，没有关系；甚至很久很久或永远没人懂也没关系，很多艺术家是孤独的。作为语言交流的作文，是为了沟通情感和思想的，它要正确、清晰、流畅地表达别人能懂的情感和思想，无论别人是否赞成。（阅读与之相反，无论你是否赞成作者，你都应该准确地理解别人的思想和情感。）这是社会生活的需要。作为生活记录的作文，是为自己而写的，可以有个性化的表达，真人真事、真情实感、真实想法，未必需要别人点赞，甚至写了也不必给别人看。

厘清了三类作文之后，我们还要弄清楚这三类作文的写作活动，文学创作是从独特的情感和独立的思考开始的，寻求一切艺术的表达手法，当然可以虚构，笔者一直强调："什么是文学，说得像真的一样；什么是历史，真的像说的那样；什么是生活，说不说都是这样，只有自己知道是怎样。"语言交流的文章是为了告诉别人我看到什么想到什么、有什么情感为什么、有什么观点以及怎么会有这样的观点的。因此强调修辞立诚，说真事抒真情，谈自己真实的观点。表达的过程，清通明晰始终要排在语言华美、艺术、丰富前面，因为需要交流，所以要写得别人能懂。生活记录的文字永远都是从自己的生活出发的，真实地记录下自己的吃吃喝喝、哭哭笑笑，甚至一些不能被别

人知道的荒唐的观点,整个活动首先是私密性的个体写作,自己懂文字里的自己,才是最高的标准!

  弄清楚这两个问题的评价原则之后,语文教育中的作文教学活动才能评价,这个评价的原则才容易说清楚。在语文教育中,作文教学首先要着重解决哪一类写作能力的问题?笔者认为,应该坚定地限定语言交流的作文能力!这是最重要的,也是语文教育能做的且最应该做的事。生活记录写作能力的培养可以从这一教学活动中派生出来。文学创作的能力培养排在后面,若教育只是给孩子提供一切尝试,文学教育则为他们在各个年龄阶段提供各种文学创作的尝试。相对而言,其社会功能决定了它不若前两者那么重要,不是每一个人都需要培育文学创作能力的,但每一个人都需要与他人沟通情感和思想,这种沟通是以自己生活中的情感思想为基点的,因此能够进行语言交流的写作能力便是核心,记录自己的生活的写作能力应该是一种支撑。高考作文就是要体现这一语文教育目标:高考作文主要考查学生能否用书面语的形式表达一般人能懂的思想和情感。这一原则一旦确立,那些用甲骨文和阅卷老师都不太懂的文言文写作的情况如何给分数就迎刃而解了:不及格或不主张,起码是不鼓励!因为,作文不是卖弄,而是要表达与交流。基于语言交流的作文教学活动主要训练学生准确流畅有逻辑地说清楚想告诉别人的事情、情感和观点,这是评价教学活动的基本原则。至于如何艺术地说清楚,则是次要的标准了,或归入个性特长之类,但它不应该成为榜样。

  文学创作的作文既然以艺术性语言表达的丰富性、独创性为标准,那么文学创作的作文教学就要从各种文体的文学作品的阅读开始。大多卓有成就的文学家都强调文学创作"从模仿开始",这是一个作家的甘苦之言。在语言表达的艺术性、丰富性、独创性上,语文教育无法解决天赋和生活的影响问题,那么不同文体的文学作品在孩子不同的年龄让孩子去阅读、去模仿、去尝试,这便是我们评价义创作类作文教学活动的基本立足点。在文学创作的作文教学活动的评价中,符合孩子的年龄特征、模仿文本是否有文体的代表性,是否鼓励创造性地尝试等应该是重要的要素。

生活记录的作文教学活动评价原则介乎前两者之间，从生活开始，指导孩子用真实的语言记录自己的生活。若希望他们拿出来分享，就进一步以语言沟通交流的标准去要求孩子进行写作活动，并以此作为教师教学活动的评价要素。若只是鼓励孩子多写自己的生活，坚持记录自己的生活，那么以从前"放手作文"的教学活动要求作为评价也就可以了，可以以鼓励多写、个性真实的标准为原则来评价这样的作文教学活动。

四、结语

就作文评价问题，本文只是说了三方面的原则，至于详细的标准，笔者认为需要另外讨论，"一起说"是说不清楚的。比如高考作文以语言交流作为标准、艺术性语言的丰富性、结构的精巧、思考的独特和情感的别致，诸如此类的要素如何"写入"高考作文的评价标准，这都非本文能够一下子说清楚的。笔者想，本文的目的就在于指出：作文教学不要"一锅煮"；高考作文的阅卷标准也不要"乱炖"；作文教学的课堂评价迫切需要分类细化等一些关于作文教学的基本概念问题。至于对中小学语文教育语境中的作文的三种分类，未必科学，笔者想先提出来这个问题，期待有人指出不科学的道理，再给出科学的分类，如此这个问题就可能被解决得越来越好。只有这个问题被解决好了，作文教学和（高考）作文的评价问题才会被更好地解决。

[本文原载于《教育研究与评论（中学教育教学）》，2017年第1期，有删改。]

继承·反思·创造

——我最近对教育的一点理解

陈国安

  我自 1995 年起便在苏州大学文学院工作了，在大学工作了 21 年之后，于 2016 年 4 月开始创办苏州大学实验学校，真正地实现了从幼儿园一直教到大学。这四年来，因为在基础教育一线实践了，我对教育的思考也有了很多的自我修正。现将最近对教育的一点理解草成此文，以呈一直关心我的师长们批评。对同样关心教育的诸君来说，只是野人献芹而已。

  基础教育改革以课程为突破口，始于 21 世纪初。时经 20 年，在现下大呼课程改革需要深入的时候，我似乎更愿意大家停下来看看天，动动脑，来点思考，甚或反思。每一个时代的教育变革都不会是平地重建的，变革首先面临的问题是继承，文学史上的每一次复古都是一次变革，甚至是新的创造。在变革经过一定阶段的时候，在变革需要深入之前，我们必须对所做的变革有所反思，甚至应该深刻反思。在创新已经成为一个时代标准的时候，我更加愿意用创造来特指教育的创新，创新是很难的，守正出新已非易事。于教育而言，实践和理论上能够理性继承、深刻反思才能有所创造。

一、"后名校时代"更需要继承

  我其实在 2015 年就已经开始在中学实践了。2015 年年初，我接受了苏州市组织部的任命成为苏州市教育局局长助理，随后便与卫新博士在苏州第三中学创办了"慧成实验"课程计划项目，成为该项目的负责人。其实这是在高中的校园里办了一个课程创新的三轨制初中，每年招生八九十人，小班化教学。

苏州第三中学是苏州市区的一所百年老校，前身是两所教会学校：晏成中学和慧灵女中，校训是学道爱人。这是一所坐落在苏州古城区小巷子里的中学，也是一所最早国际化的苏州学校，还是以外语为发展特色的中学，现在又增名为"江苏省苏州外国语高级中学"。创办这样的一个新的"初中"当然需要理念，我们清醒地意识到创办"慧成实验"的理念一定要从苏州第三中学的历史中来。

苏州第三中学的"慧成实验"倡导"慢教育"，这是苏州小巷子里学校的传统。所谓"慢"，不是速度，而是对孩子成长速度的态度。我们坚信孩子的成长如同四季，春天播种要重视勤奋，夏天生长要放松，秋天才能有丰收时的喜悦，也要允许孩子在冬天休整。按照规律来，不让孩子的童年被透支，善于积极帮助孩子度过成长滞顿期。"慧成实验"当然坚持了外语发展特色，除英语为必修课程之外，我们还请苏州大学外国语学院的一些教授来为初中的孩子开了法语、德语、日语和朝鲜语（朝鲜语选修人很少，后来停开了）选修课。我们希望借"慧成实验"让苏州第三中学成为苏州小巷里最国际化的学校，这完全是对百年名校苏州第三中学办学精神和传统的继承。

在名校的"身上"创办一所新学校，如同百年老树上长出新枝，"小身体"要与母体血脉相连，这种继承可能比一味地凭空创新要切实得多。

今天，因为社会的需求和经济的刺激，创办新的学校已经成为司空见惯的事情了。而一旦一个新的学校创立了，势必就面临着如何成为名校的期许。于是，新学校便有了一个心知肚明的假设，一定要超过已有的名校才会有更好的社会声誉。

超越名校固然是为自己鼓劲的好口号，但如果真的以为一所新办的学校用搞经济的办法搞上几年就能够超过身边的名校，那一定会让自己很失望的。名校的形成是教育岁月的沉淀，是一所学校与一个地方相互磨合了几十年甚至上百年的结果，绝非三五年就可以轻易翻转的。苏州市区有四所百年名校：苏州中学、苏州第十中学、苏州第一中学和苏州第三中学，经过近一百年的办学，基本形成了如上大家认可的排序，各有特色。也许在这一百年的办学历史上，某一所学校有过一位或几位非常厉害或非常糟糕的校长在某一个时期曾经改变了这个序列，但总体来看，这个序列似乎没有变动过。这就是名校时代的教育实际。

在今天似乎每一个新办学校无论是创办者还是出资创办的地方政府或资方公司都希望新办学校在三五年就超过本地区的一所名校，以符合彼此的社会期望或经济期许，于是就形成了两个互相憋足了劲的序列：名校序列和新校序列。各有各的心思，各有各的追求，也各有各的手段。这固然很好，有了这样的竞争，教育才不会失去自身发展的动力。我们可以把今天这样一个教育现状称为"后名校时代"。名校和新办校各占一股车道，全都开足了马力，各尽其能，向社会认可的教育评价参数奔驰而去。

在"后名校时代"我不担心名校会故步自封，因为社会的评价决不允许他们停滞不前。然而，我对新办学校倒是充满着担心，因为毫无依傍地办一所学校是非常艰难的，往往在初期会难上加难。因此，直奔成绩而去的新办学校似乎成为一个通行的模式。奔成绩而去对不对，当然对，但是怎么将成绩关乎办学理念呢？

不按教育节奏和成长规律地要成绩，绝不可取！在新办学校无法招到和名校一样好的生源时，我们加快教学节奏，加大作业力度，增长学习时间，短期也许能够有个好成绩，但是这个成绩总不那么可靠，尤其"尖子生"更难冒出来。"慧成实验"如今已有两届毕业生，成绩都是名列前茅的，尤其发展性评价更是比较优秀的。我们靠的不是增量，而是减负。（不顾学生群体的基本情况，笼而统之地减负也是不切实际的。）因为这个群体的学生通过减负培养了他们自主学习的意识和能力，这是有效的，他们处于中上等的水平，老师讲的只要精准到位，不要太多的作业重复巩固，他们的学习能力、态度、自觉性都不成问题，只要给他们空间就行了。而这恰恰就是苏州第三中学的教学传统，我们是在继承中慢慢摸索出来的。

二、"教育转型期"更需要反思

教育要想成为自己想要的样子很难，尤其处于社会转型期的教育，更是如此。社会转型的影响必然是全面整体的，21世纪，社会转型期的教育也走到了一个十字路口。教育的转型要慢一些，更有指向性地说，比经济的转型要慢得多。1905年，传统教育以突然转身的姿态（清政府以"突然死亡法"终止了科举制）进入现代教育，新式学堂与旧有私塾并存一段时间之后，很快就进入现代班级授课制的分科课程教育的新式学校阶段了。经过一个世纪的中国基础教育，始终没有形成自己的样子，总在以"别人家"的标准改革"自己"。因此，这一百年视为中国教育的转型期未尝不可，甚至，我觉得，至今我们仍处于这个教育的转型期中。

转型期的特点是：观念繁多，争论激烈，犹如战国时期，各种观念都出现了。教育的转型期这种情况更加明显，因为本来教育的观念就没什么根本性的对错，明显有错误的教育观念永远不会站住脚。这些观念一旦付诸实践就会对普通孩子产生影响，而这样的影响又会被普通民众迅速关注，对于这样的大是非问题是躲藏不了的，错误的观念很快便会被民众抛弃。

允许不同的教育观念在一定范围内实践，办出不同风格的学校，不同的孩子在不同的学校最后都到达自己因受教育而实现理想的彼岸，这是教育文明化的社会。条条大路通罗马，不同的教育观念都能使教师、学生和孩子的父母到达教育理想的彼岸。

在教育的转型期讨论一个教育观念的优劣，似乎意义不大，过分的论争似乎以期把某一种教育观念定于统一化、标准化，这并不符合老百姓对教育和孩子成长的要求。所以在教育转型期心平气和地对待一切教育观念，取其合理性，在教育实践中尝试，这是我一贯的办学原则。

教育的转型期是不是就像蜜蜂采蜜一般的把各家观念合理的部分

拿来办学就行了呢？当然不行！我们办学不能只为了形成自己的办学风格而特地采取别人不做的方式，也不能罔顾儿童立场采取大家习以见惯的方式去"维持现状"。转型期的教育必须反思教育本身是否真的为了孩子的正常发展而做出了努力，既不能唯书也不唯己。反思的出发点是孩子的正常发展、孩子的健康成长。教育是与孩子的天赋合作，把一个原来在"土地"上"爬行"的人教得"站"起来。所以，我们现在更需要反思那些我们一直在做着的教育实践，往往这些我们从未认为他们有问题。教育的转型期更需要这样的反思。

教育者思考问题的出发点是孩子，真的为了孩子。从幼儿园到高中，甚至到大学的教育应该当作一个整体来考虑，每一个阶段的学校千万不能为了自己的虚假繁荣而提前消费孩子的精力，透支孩子的童年，这样，会给他们一辈子带来难以弥补的伤害。

一年级的课堂上，经常出现的一个场景是：一个手指肌肉还没长好的孩子，痛苦地用橡皮擦作业本，一个简单的汉字，用上一个小时还是写不好，最后纸头擦破了，孩子大哭不已。我们为什么要在孩子不适宜写字的年龄逼着他们写字呢？而且越是写不好越要逼着他们写好，和孩子坚决地抬杠到底。在小学一年级，孩子写自己的名字，需要五个小时才能教会，若到了四年级，也许五分钟就能教会他们写好名字了。那么我们为什么要牺牲孩子对学习的热情和兴趣，让他们早写三年呢？早写三年对孩子以后的影响大吗？大！因为孩子的手指肌体的成长没能够达到写硬笔字的要求，我们一定要他们写，他们也想写好，于是握笔姿势出问题的概率就大了，而且还要求写字速度，那么笔顺的问题就更大了。因此苏州大学实验学校和苏州大学第二实验学校逐步实施了"快速识字，减缓写字；识字写字分开，先识后写，大量阅读"的实验。

同样在一年级，我们用一个半月的时间学习拼音似乎已经成了不需要质疑的现象了，可是不学拼音怎么识字呢？拼音的出现有其特殊时代的特殊要求，在没有拼音之前中国人是怎么学汉字的？我们有没有继承这样学习汉字的优良传统？现在世界上几乎没有一个民族的孩子学习自己民族的语言要借助另一种工具的。我们的常识是孩子在没有学习拼音之前就已经认识数以百计的汉字了,而且似乎不那么困难,甚至在没有学过拼音的时候,很多孩子学会了四五百个汉字,有的甚至能够读一篇小短文或报纸上的一篇小报道。那么拼音是干吗的?拼音是用来帮助孩子在不认识某字的情况下通过查字典、看拼音而学读出来的。现在这一功能已经可以靠先进的阅读器实现了。拼音还有的功能就是辨音,普通话不准确时通过查字典、看拼音纠正读音。其实非常准确的普通话要求是不是一定就要在小学完成,值得进一步讨论,即便如此,基本标准的普通话训练通过有声阅读电子产品完全可以完成这一任务。况且,辨音在四年级之后作为教学任务应无问题,所以我们一直在思考,小学低年级不教拼音,直接用汉字教汉语。四年级再教拼音,以更加快速地扩大识字,更加准确地进行普通话辨音。

　　写好字、学好拼音很重要,但是否在小学一年级就要学好,什么时候学习更好,这需要反思!一个人成长是一个漫长的过程,在不适合的时间段中施加了不该有的教育内容,教育会使得孩子走向期望的另一个方向。同样,不要把所有我们觉得好的书都在12年的基础教育学校生活中让孩子都读完,好像只有把那些我们认为好的经典著作都读完了,我们才放心孩子去读大学,去走向社会独立生活。这是没有把教育当作一个整体的过程来看,没有恪守孩子的成长需要等待的原则。

　　阅读是基础教育中必须重视的问题。而我们今天似乎觉得孩子只有阅读经典才是阅读,阅读就是语文老师安排的读书。这种常态需要警惕。

　　欧美儿童观和中国儿童观不同,因此在阅读观上也就有了差异。欧美阅读观是6岁的孩子读6岁适合看的书,7岁的孩子读7岁适合看的书……依次而上,18岁的孩子读18岁孩子适合看的书。中国阅读观是从6岁开始,不管几岁,最好都读18岁以后孩子作为成人应该读的书,一时读不懂没关系,一直读下去,到了18岁就懂了。这两种儿童观没有对错,互有利弊。但是我们今天也要学会从儿童立场出发,思考学校教育应该提供哪些阅读指导和引导。

从小学开始就倡导孩子读"四大名著",似乎成了一种常见的阅读现象了。我认为,阅读内容的选择和教材课文的选择一样,应该遵循五大原则,即言语价值(实用文本的规范,语言的理解与表达);母语价值(汉语语言的传统);文学价值(文学文本的审美);史料价值(理解自己的民族);教育价值(健全的人格、健康的心理和正常的情感)。教育价值是前面四种价值的最后一道可以一票否决的"门槛"。所有的阅读内容若不能为孩子的健全人格的养育和健康心理的培育以及正常情感的养成带来正向力量的话,那么,作品前面四种价值的分再高也不能进入基础教育的阅读内容。因此,我是反对把"四大名著"作为基础教育的必读书的。因为"四大名著"的内容中有很多与教育相悖的东西,不利于孩子的人格、心理和情感的正常成长。18岁之后,什么书都可以读,因为他们的人生观、世界观、价值观基本形成,开卷有益!在18岁以下,作为儿童,我们必须把教育性放在阅读的铁门槛前。"四大名著"在18岁以下阅读的群体很小,不要因为某几位成功人士在童年阅读了"四大名著"并很受影响,就罔顾基础教育的教育性原则而大肆提倡。更有甚者,在小学让孩子读"四大名著"的儿童版,儿童版的大多改写是用糟糕的语言代替了优美的语言,连原来"四大名著"应有的文学性都没有了,这样的倡导更是没有意义的。到了大学,我们再倡导他们阅读这四部明清白话章回体长篇小说就晚了吗?

我更希望我们的基础教育学校展开"全科立体式阅读"。从小学开始,文学作品只是阅读内容的一部分,不宜超过一半。另一半应该大大加入历史、地理、经济、体育、音乐、艺术、生物、科技、数学、物理、化学等学科的阅读。在每个年级都应该选合适的文本给孩子阅读,每个年级都应该是全学科的阅读。阅读的方式应该是立体的,不是简单线性的。常见的线性阅读的方式,如老师推荐一个阅读文本,学生阅读,然后做阅读理解题目,这样反而打消了不少孩子的阅读兴趣。所谓立体的阅读,即自由选择和老师推荐结合,阅读分享和自我阅读互补,单纯阅读和读写结合并举,书本阅读和旅游阅读并重……总之,让孩子在更为广阔的知识世界和自然天地阅读,让孩子阅读的方式更加自由，培育他们与书籍的感情才是阅读的重要目的。教育的力量就在于孩子离开学校之后与书籍的距离，他们与书籍拥抱得越紧，教育在他们身上的力量就越大。

只有"全科"阅读才能培养"全人"，因为人总不可能成为"完人"，所以教育就应该全面。完整的人的教育在今天教育的转型期需要反思。我们现在的课程虽然大致"全"了，但我们的教育却没有让这些学科"全"。有些地方中考不考地理和生物，很多学校的地理是历史老师教的，生物是化学老师教的。为什么我们会狭隘的理解阅读就是文学名著的阅读呢？因为现在"得语文者得天下"，语文试卷上的很多分值又在阅读理解上，所以语文因为"被太关心"而陷入泥潭。本身把语文分值定为160分或200分，就是值得质疑的事情，现在又将语文定为大学科。我们应该反对所谓大学科、小学科，主要学科、边缘学科，必考学科、选考学科等的划分，所谓基础教育，是给孩子全面尝试的可能，不能人为地迫使孩子着力于某一些学科，放弃某一些学科。语数外与其他课程在高考中分值不等，对此我是心存质疑的。我们现在已经人为地把学科划出了三六九等，而每一门学科事实上应该是平等的。从宏观角度来看，之所以在今天的教育背景下缺少创造型人才，把学科分成三六九等应该是一个重要的影响因素。

人是有差异的，我们可以进行选择，但是基础教育就不应区别对待，考查所有学科时分数都相同，才是真正地检验完整人、培养"全人"。虽然人确实不能成为全人，基础教育才应该求"全"。基础教育"全"了，大学教育才能够"选"。在"全基础"的中小学教育之后，大学才能够真正让孩子去选择，甚至尝试选择。现在允许大学生变换专业，就是好的探索，但要理性引导大学生去尝试，而不是被社会世俗功利的观念绑架着选专业。

三、"新师范教育"更需要创造

基础教育没能够更"全"地让孩子获得尝试探究，孩子选择高等教育专业时往往是混沌盲目的。现在大学还没能够自由地更换专业，所以往往是进入大学之后才发现自己不适合这个专业，甚至不适合这个专业毕业之后所应从事职业的一般要求。仅以师范专业为例，很多从事教师职业之后出问题者，都是当时就不该进入师范学习的人，他们入错行，成了无辜的受害者。

在新时代，我们应该好好总结20世纪80年代中等师范教育的成功经验，好好思考"新师范教育"构想，在新时代创造"新师范教育"的新结构。基础教育好坏的底气在高等教育中的师范教育里，大学师范教育的质量是未来基础教育成败的决定因素。

2017年10月，我向苏州大学提交了建议组建苏州大学师范学院或教师教育学院的方案，后来经过不断修改，时停时续，各种磋商，苏州大学师范学院成立了。那么在今天的综合性大学中如何办师范教育呢？

目前师范生培养的高等学校大致有这样五类情况。其一，由原来中等师范学校升格为高等学校，如晓庄师范学院，其师范生技能培养保持了原有特色。其二，由原来的高等师范专科学校升格为高等学校，分为两种：如盐城师范学院，保留了原来高等专科师范的专业性和师范性并重的传统，但总有专业性和师范性不足的遗憾；如绍兴文理学院，因为成了综合性大学，其师范性在慢慢地消退。其三，由原来的师范学院升格为师范大学，如南京师范大学，师范教育的传统和教育学、心理学新的发展结合，形成了一种新型的师范生培养模式。其四，由原来的师范大学发展为综合性研究型大学，但是师范教育是他们的重要特色和品牌，如华东师范大学，因为他们始终在教育学和心理学研究的前沿，师范教育又是各所在院系的品牌专业，他们的毕业生是基础教育中的生力军（虽然他们的毕业生直接工作或读研后放弃了当老师的不在少数）。其五，由原来高等专科师范学校并入非师范型大学发展成了综合性研究型大学或师范学院，如江苏大学和苏州大学，师范专业在不断被边缘化，甚至某些学科师范专业曾停招本科生。

苏州大学有着近70年的师范教育的历史，有着30年的江苏师范学院的办学历程，如今在综合性研究型大学中排名也十分靠前。在这样一个校园中如何有创造性地办"新师范教育",我想"临床式的师范生培养模式"也许是个比较好的尝试。

"临床式的师范生培养模式"要依靠两头,做强自己。

所谓依靠两头就是依靠师范生所在专业学院,根据师范生的将来职业特征强化专业学习,这是根本。同时,还要依靠综合性大学的附属学校和实验学校,这如同大学里的医学院和附属医院的关系。师范生从大一开始就要在实验(附属)学校培育职业体验,把见习课程化,师范生见习作为一门贯穿四年的课程,这门课的成绩分为八个学期的小成绩,最后综合成一个见习课的成绩。实习应该成为一门重要的课程,不仅是专业课的实习,还应该有班主任的实习,并且尽可能地安排多学段实习。实验(附属)学校要有严格实习指导老师的筛选和培训,严格的实习项目内容及其考核。

做强自己,指的是师范学院要制定四年的师范类课程群的系统。从大一培育师范生独特的职业情感,到大二培养师范生敏锐的职业意识;从大三锻炼师范生过硬的职业能力,到大四养成师范生纯粹的职业精神。每一学期有相应的课程,每一门课有不同的呈现方式。如大一可以有每周一位基础教育名师的教育成长故事的讲述,一学期18周,18位老师讲述自己的成长故事,培育师范生的职业情感,让他们知道自己将来可以成长为像讲述者一样优秀的人,这门课可以叫"教育名师故事"。

综合性大学师范专业的录取人数因为不是非常多,我们认为可以借鉴当年中等师范生报考时的面试程序,组织报考前的考生面试。这是一种让孩子了解师范生未来职业的一个不可或缺的过程,也是师范专业对报考者的一个准入式考核。目前似乎只有幼儿师范在初中招生还坚持了这一面试程序,其他师范专业的招生都没有面试环节了。

当然,经过面试,综合型大学非师范专业的学生应该允许转入师范专业,现在这一个通道还没打通。综合性大学,尤其排名靠前的综合性大学,非师范专业的优秀学生想转入师范学习后做老师,这应该成为大学鼓励的方向。只有鼓励优秀的青年读师范专业做老师,这个民族才会有优秀的教师群体。

我认为师范学院应该提供专门的师范类课程，尤其是到实验（附属）学校见习和实习这两门课程。通过这样一种模式，慢慢促进教师证获得的教育实习环节的补足。目前我们国家教师证的获得，须通过全国统一书面考试，主要是教育学、心理学理论内容的考试。在成绩合格之后，便由以地级市为单位的教师发展中心或相关的主管部门组织面试，主要是说课。说课成绩合格之后，便可获得教师证了。我们认为除了教师证需要有针对性的测试之外，更重要的是教育实习的合格证的获取。在国家教育学心理学基本理论考试合格之后，必须到指定的实验（附属）学校或其他基地学校进行一个学期的实习，获得合格证之后才能进入地市级教师发展中心或相关部门组织的面试，有了理论考试、专业测试、实习和面试四张合格证之后才能获得教师证。这样的师范专业待聘人才的质量才会得到更为可靠的保证。

"新师范教育"需要打破原来师范专业培养模式的框架，需要将专业学习和师范课程结合，将理论学习和"临床"实践结合，将技能训练和精神培育结合。新师范教育的创造性实践将关乎未来的基础教育，将关注我们这个民族基础教育发展的明天。

时光荏苒，四年匆匆而过，从创办"慧成实验"项目到创办苏州大学实验学校等三所学校，一路走来，我的思考没停过。教育者唯以思考实验实践来展开自己教育的情怀和理想。这些文字，只是我的一点想法，仅为大家的讨论悬一鹄的而已。

（本文原载于《江苏教育研究》，2019年第10B期，有删改。）

论素养取向的语文知识教学

管贤强

作为语文核心素养的根基，语文知识在语文课程中的地位不言而喻。随着语文课程目标从"双基""三维"到"核心素养"的转变，对语文知识的认识和学习路径发生了极大的改变。在当前"语文核心素养"时代，知识仅是一种手段和凭借，提升素养是语文知识教学的目的，这便构成了"素养取向的语文教学"。因此，我们有必要澄清"素养取向的语文教学"提出的背景，介绍这一教学范型的特征，并尝试构建其实施路径。

一、传统"知识取向的语文知识教学"的局限

传统的语文知识教学通常深信语文知识能反映语言实践规律的真理，并简单地认为系统掌握具有确定性和客观性的语文知识（字、词、句、篇、语、修、逻、文）即可促进学生语用能力的发展。因此，它以学生认知、掌握语文知识作为语文教学的最终旨归，我们称这种教学范型为"知识取向的语文知识教学"。透视这种教学范型，我们可从以下几个维度来进一步考察。

从知识角度分析，传统语文知识教学将教学内容理解为教材语言材料所承载的课程知识，教科书中的语文知识是对语言实践规律的客观反映，是人类文化发展中对语言实践活动认识的优秀成果，也是对客观规律和优秀成果的符号表征，是经过学科专家按照科学程序筛选并组织起来的确定的语文知识，具有权威性、客观性、普遍性、确定

性的特征。语文知识成为自在的仅需学生学习和掌握的"放之四海皆准"的真理,不难看出这种教学范型背后隐藏着"反映论""确定论"的知识观。纵观语文教育史,现代语文教材承载的课程知识始于20世纪前期,一方面移植日本乃至西方语言学、修辞学、逻辑学、文艺学等新知识,另一方面承继传统文章学等知识。[1]从20世纪初到90年代末,语文知识在古与今、西与中的转型中经历了从零散到系统的筚路蓝缕的发展过程,最终根据"语言学、文学、文章学等知识系统"[2]构建相应知识点。这里的语文知识,它用理性逻辑过滤掉语言实践活动的主观性、偶然性、情境性、默会性、生成性特点,自此语文知识成为具有系统、逻辑的知识系统,也成为静态、现成、客观、确定的真理。基于课程知识,教科书编者通过精细化的编制,编排按照语文学科知识体系的逻辑,以语文知识点为纲,以"选文组合的形式"[3]隐含地将这些知识点呈现给师生,确保知识的客观性、正确性、科学性;语文知识教学便"通过程序性、环节性讲授、传递,以确保、实现学生所获得、掌握知识的客观性、正确性以及科学性"[4]。

此外,传统语文知识教学将教学方法定位为教师对客观语文知识的传递和授受过程。教师是知识的二传手、捍卫者,他掌握知识,因此自视为知识的代言人,他擅长用语文知识来解剖教材中气韵生动的语言材料,其任务是通过课文将客观的语文知识传递和传授给学生。在传授过程中,教师采用灌输、训练等简单粗暴的方法将知识强加于学习者身上,学生掌握语文知识是整个教学活动的唯一目的,但却因此失去对语言材料的透视能力。作为受教育的学生是被动的客体,是接受知识的容器,他们针对教师递来的知识点展开识记、理解、应用

---

[1] 张心科. 现代语文课程知识的重构历程 [J]. 语文建设, 2013 (2): 53–58.
[2] 李海林. "语文知识":不能再回避的理论问题——兼评《中学语文"无效教学"批判》[J]. 人民教育, 2006 (5): 24–29.
[3] 黄伟. 阅读教学中语文知识提取、激活与内化 [J]. 中学语文教学, 2018 (4): 8–12.
[4] 程良宏. 教学作为知识传递实践:历史贡献与问题检视 [J]. 西北师大学报(社会科学版), 2018 (3): 99–105.

的认知路径。这样的知识教学，直接使学生丧失了与语言材料、真实语言实践活动碰面的机会，也减少了与个体言语活动经验联系的可能，剥夺了与知识的发生过程产生知识探究、知识质疑、知识创造的机会，更遑论透过知识符号表层去感悟知识深层思维、价值、意义，最终必然导致语文知识"与生活世界的断裂""与知识行动的隔离""与学生经验的隔绝""与意义逻辑的分离"[1]，长此以往，语文知识教学成为彻底的识记和接受过程。

这样，传统语文知识教学呈现出"控制主义""效率主义"价值特征。教师教和学生学的语文知识都是浓缩人类语言实践的经验沉淀和规律总结，是经过教育者选择、加工、改造的先于学生经验存在的抽象知识，也是社会和文化对教师、学生的要求，并非师生可以完全自由选择的。因此，对师生来说，语文知识便具有外在规约性和控制性。但是，当教师成了知识的传递者而非教育者，学生成为知识的吸收者而非创造者，教学成为忠实传递知识的过程时，教学评价是对学生掌握知识的考查，其表征为分数。师生关注语文知识的应试价值，学生在反复训练中记住概念、手法、作用及解题步骤，将大脑中的知识符号呈现在卷面上，师生主体性自然难以得到发挥，教学也走向沉闷、机械、盲从、划一的状态，语文知识教学便呈现"控制主义"价值特征。经历了被控制的过程，学生要么不择手段地在竞争中"控制"他人，要么因在竞争中失利而意志消沉。从知识教学的目的来看，通过这些承载人类优秀语言实践成果的知识，教学可以有计划地在一段时间内加速其认识过程，学生无须从自身语言实践活动中探索、积累经验，而仅需通过认识来直接面对认识结果，获得较为全面、系统、深刻的认识，正是基于"高起点""高速度""高水平"[2]的学习，大大提高了学生教学认识的效率。应该承认，通过学习语文知识快速有效促进学生认知发展，这种效率化是需要的，但

---

[1] 张良.课程知识观研究：从表征主义到生成主义[M].重庆：西南大学出版社，2017：7.
[2] 郭华.带领学生进入历史："两次倒转"教学机制的理论意义[J].北京大学教育评论，2016（2）：12-13.

是为了效率，排斥学生的直接言语实践经验，隔离了知识学习与现实语言实践的联系，未从丰富语言材料中构建知识而仅是知识点的辨认分析，这便是"效率主义"价值特征。

因此，"知识取向的语文知识教学"以获得知识为目的，视学生为工具，用语文知识的传授和习得替代真正意义上的语文教育，产生的弊端为人们诟病。直到今天，一些语文教师仍对此深信不疑，经过课改洗礼的语文课堂仍能见其身影。比如教学目标、重难点和作业"都捆绑在零碎的知识点设计上"，教学实施中将鲜活饱满的文本减缩为知识符号的象征物，挖掘其潜藏的客观"知识点"[1]，并对知识点展开烦琐的讲解和讨论，教学评价是师生对知识点考查的处心积虑、分分计较等。整个教学过程偏重授受和传递知识，将认知、概念、记忆、机械训练等贯穿于语文知识的学习过程，学生学习过程中仅获得语文知识的表层概念，而缺乏对知识背后思维方法和精神意蕴的探索。一方面，这造成了新世纪课程改革三维目标愿景的失落，在语文教学实践中"知识与技能"大行其道，"过程与方法"未能真正落实，"情感、态度和价值观"流于形式。"知识取向的语文知识教学"仍占据主流，这种教学类型也使得语文教学中师生的"活动"成为"劳役"。另一方面，这也造成了受教育者有语文知识而无言语运用能力，有语文知识而无语言实践智慧，有语文知识而无语文濡染后的精气神，最终形塑了单向度的"语文知识人"。

二、"素养取向的语文知识教学"的特征

当前，提升语文核心素养成为当前知识教学的旨归，语文知识仅成为提升语文素养的内容和工具，换句话说，学生成长是语文教育的目的，知识仅是一种手段和凭借，这便构成了"素养取向的语文知识教学"。

---

[1] 管贤强，陈月鸣. 教师要创新整本书阅读任务单的设计[J]. 大连教育学院学报，2017（4）：13-16.

(一)"素养取向的语文知识教学"是基于语文知识客观性基础上的"主观建构活动"

"素养取向的语文知识教学"持有一种"建构性""主动性"的知识观,是学生基于语文知识客观性基础上的"主观建构活动"。[1]如何理解主观的知识建构活动?一方面,不同于理科环环相扣的知识体系,语文知识的学习并非孤立地以语音、词汇、语法等为单位,而是以基于个体言语经验的语篇为单位,语音、词汇、语法等都是语篇的有机组成部分,这客观上决定了语文知识体系的无序化,知识结构的无序化也使得构建一个系统语文知识的目标体系难以实现。另一方面,在基于丰富语料及言语活动经验语篇基础上探索语言运用规律(语文知识),人们的语文知识学习立足于语篇的情境性、体验性、形象性,因此古代语文知识学习强调"沉浸酞郁""虚心涵泳"。语文知识的无序化结构和体验化的学习方式,使得学生对于客观正确的语文知识不是被动地授受,而是基于语文教学乃至语文生活中丰富的语言材料和言语活动经验,对语言材料进行筛选与提炼、归整与分类、比较与抽象、收集与组合,呈现语言运用规律,将抽象化为易于沟通的个体知识,这是从语言实践活动(主体)凝练知识(客体)的过程。在发现规律的基础上,学生在真实的表达交流情境和对具体作品理解、分析、评价中,借助这种发现完成新的语言运用与实践活动,在此基础上建构新体验,形成新思考。这是借助规律和知识(客体)进一步推动言语实践活动的发展(主体)的过程。那么,为何要凸显语文知识的客观性?因为,在语文知识教学中,知识是人类语言实践规律的抽象和符号表征,也是学生学习过程中基于语言材料和言语活动经验展开主体建构及其师生交往实践活动的客观对象和凭借,是不具有主观能动性的客体。就语文学科而言,语文知识包括语音、词汇、语法、语篇、语用等组成的语言知识和古今中外、物质精

---

[1] 靳玉乐,董小平. 课程知识的客观表征与主观建构——兼论课程与教学的内在整合[J]. 教育研究,2009(11):58-63.

神等文化知识。凸显语文知识的客观性，将有效化解"知识无涯"与学生"人生有涯"之间的主要矛盾。不难看出，学生在主动地"探究"语文运用规律，在语言实践活动中"体验"规律、"发展"规律。在这种教学范型的知识观中，主体对于语文知识客体的认识，是基于个体主动性和经验和原有的价值信念基础之上的"知识探究"和"价值实现"，是学生基于客观知识提升自身本质力量的过程。

（二）"素养取向的语文知识教学"是语文知识的探究和协作的过程

这种知识教学范型不再是知识的传递和授受过程，而是探究和协作的过程。语文知识并非是经由教师传授得到的，而需要以"语文学习任务群"的任务为导向，在各个专题的主题语境、情境设置和语篇类型构成的语文学习活动场域中，通过阅读与鉴赏、表达与交流、梳理与探究等丰富的语言实践活动，引导学生思考词汇、语法等语言要素如何相互联系，共同组织和建构语篇，在此基础上构建结构化的语言知识和文化知识，内化所学的语言文化知识，自主表达观点，实现语文的深度学习。因此，教师要改变既往碎片化、脱离语境教授语文知识点的教学方式，让语文知识的学习在任务的解决和语言运用中获得结构化的语文知识与语言能力、思维方法和思维品质、情感态度与价值观。学生在特定任务情境中，应主动探究，同时借助同伴帮助和教师引导，在自主意义建构中最终达成学习目的。"情境""协作""会话""意义建构"[1]是知识探究和知识学习的必要环境或环节。"情境"及构建一个真实的语言运用情境是学生建构意义的基础，"情境"可以是问题，也可以是真实任务（整本书阅读与研讨、语言积累、梳理与探究等），无论是问题还是任务都需要"从学生日常生活出发""关注与学科内容相关联的重要的、整合的现象"[2]，并能

---

[1] 母小勇.大学的哲学——人学视野中的大学[M].江苏：凤凰教育出版社，2017：130.
[2] 杨向东.基于核心素养的基础教育课程标准研制[J].全球教育展望，2017（10）：43.

体现情境的复杂性和开放性特点。"协作"伴随积累及梳理语言材料、探究及运用语用规律过程的始终,在与同伴和他人分享理解中,社会协商起到支持知识建构的作用。"会话"是协作过程中的必备环节,教师是导师,学生是知识的建构者,师生的会话一方面促进学生积极投入社会协商,另一方面促进学生内部心智模式的建构。"意义建构"是语文知识探究的最终目标,所要建构的是学习情境、学习任务与语文知识的内在联系。基于问题的解决和任务的达成,在丰富的语言建构与运用活动中,探究者对情境的理解和视角不同,实践活动各异,所获得的个人语文知识也不相同。总的说来,个人语文知识主要包括结构性知识和非结构性知识。结构性知识是在众多情境探究中抽象出的结构化语文知识,具有易于沟通和分享的特点。非结构性知识是在真实情境下体现个人化的非正式知识,它不易表达且与个人经验、所处情境密切相关。总之,探究与协作强调学习者学习的主体性、社会性和真实性,关注问题和任务对学生知识学习的引导和建构作用。

(三)"素养取向的语文知识教学"体现了"以人为本"发展的观念

语文知识教学不是教知识,而是通过语文知识来教人,来提升学生的语文核心素养,因此"素养取向的语文知识教学"秉持"以人为本"的教育哲学观,体现着发展的教学价值观。语文知识教学总是因人的语言实践活动而产生,因人的语言实践能力的发展需要而存在,通过语文学科的学习最终获得必备品格和关键能力,促进学生语文核心素养的提升。必备品格是学生在语言实践活动中获得的思维的砥砺、美感的陶冶、文化的熏陶,它为学生未来做人奠基,也是语文学科"育人"的内在要求;关键能力是学生在积累的言语活动经验中把握语言运用规律,形成结构化知识,掌握学习方法和策略而具有的运用语言文字能力,它为学生未来做事打下基础,也是语文学科"育才"的内在需要。因此,"语文核心素养"超越了既往语文教育教学中"育人"与"育才"的对立,目的在于培养具有语言文字运用能力的健全完整的"人",他们在语文学习中获得了语言知识与语言能力、思维方法和品质、情感态度和价值观的有机统一。总之,语文知识教学以语文知识为中介和内容,通过"情境""协作""会话""意义建构"等必要环境和条件,转知为识,化识为智,实现"人"身心的全面发展。这里的"人",不仅包括学习的主体学生,还包括教的主体教师。学生的学从"要我学"转变为"我要学",教师的教学活动释放动力、勇于探索、实现自我发展和自我价值,教师的教和学生的学最终实现双向促进。这里的"人",不仅是个体意义上的人,而且也是群体意义上的社会和人类,以个人的发展带动全体的发展,以全体的发展促进社会的发展,最终实现中华民族的伟大复兴。

(四)"素养取向的语文知识教学"是回归语文知识发生原点的重新出发

当然,从"知识取向的语文知识教学"转变为"素养取向的语文知识教学",这是纠正传统知识教学错配了工具和目的所产生的知识权威化,人的能力和素养被边缘化的弊端,也是语文知识教学回归语文知识发生原点,进而立足于语文核心素养新时代的重新出发。回溯语文知识的发生,语文知识源自历史和现实创造的语言实践活动,是人对这些语言实践活动规律的能动认识。人们将语言实践活动提炼为知识(主体客体化)和借助知识进一步推动语言实践活动的发展(客体主体化)。语文知识是主体客体化的"产品",即人发现了语文知识;语文知识也是客体主体化的"工具",即人利用语文知识提升了人的语言实践能力。语文知识始终是"内容""工具"的范畴,是为人(语文素养)服务的。展望核心素养时代的知识教学,语文知识作为内容和工具,在具体的语言理解、语言运用中,最终提升学生语言实践能力和情感、态度、价值观。一方面,"用中学"使得语文知识学习有了明确的"运用"目的指向。"运用"目的指向意味着语文知识学习不能停留在知识符号、知识概念的识记理解,而应该运用到语言实践活动中,"因用而学","学以致用","学而有用"。[1]在知识运用中,在语言实践活动中,通过应用知识发展语用能力。另一方面,它为学习语文知识提供了一种手段。通过语文知识在语言实践中的运用,可以激发学生学习知识的兴趣和动机,也可以帮助学生分辨"假知"和"真知",更可以帮助学生理解语文知识应用的条件和边界,这都切合"纸上得来终觉浅,绝知此事要躬行"的教育学道理。最后,运用语文知识本身就是学习语文知识的过程。语文知识的学习不总是先学后用,更多的情况是边学边用、边用边学,应用语文知识和学习语文知识相互交织。

三、"素养取向的语文知识教学"的实施路径

综合上述对"素养取向的语文知识教学"特征的思考,我们不难得出结论:语文知识是语文核心素养提升的内容、基础和工具,而提升语文核心素养是语文知识教学的目的、方向和价值。语文知识是外在的,语文素养是内在的,"素养取向的语文知识教学"努力思考如何将外在的语文知识转变为内在的语文素养? 这就需要从"打开语文知识""内化语文知识""外化语文知识"[2]三方面构建语文知识教学的发生机制。

(一) 打开语文知识

以往语文知识教学从凝结着作者情思的文本中抽取知识,接着教师呈现知识,讲解知识,分析难点,练习巩固,知识点讲得太多太透,学生失去了与承载知识的文本会面的机会,也冲淡了对文本的整体感悟和欣赏,这种教学范型使得知识教学日益僵化。而要想将语文知识打开便要将"僵化"的语文知识"活化",教师通过教学,使语

---

[1] 张琼. "用中学":指向实践能力发展的一种知识学习方式 [J]. 教育研究与实验,2014 (5):56-61.
[2] 王永明,汪明. 基于教学认识论视角的知识教学发生机制探析 [J]. 教育学报,2018 (2):41-48.

文知识重回文本语用情境,联系学生既有经验,在学生面前呈现其语用中的教育意义和教育价值。比如,与其告诉学生汪曾祺淡而寡味的语言风格,不如让学生发现、探讨《葡萄月令》中使用了60多次的"了"和数十次的"呢",让学生感受语气词在作者表情达意中的重要作用,体验感悟其语言风格;与其告知学生文言中的使动和意动用法,不如让学生在《鸿门宴》语境的表情达意中弄懂"怀王与诸将约曰:'先破秦入咸阳者王之'"中"王"的意思,自然就懂得使动和意动的差别。[1] 文本的语用情境,将知识锚定在情境之中,使得语文知识的学习具体化、背景化、活泼化、可感化。因此,情境成为知识的附着带,使得学生对枯燥的知识学习产生了丰沛情感和灵活语用的附着点;情境也是知识的储存地,能够有效地检索知识在具体情境中的恰当使用;情境也是知识学习的促发点,它激发学习兴趣,在接受知识的同时联系个人的生活经验,产生情感上的共鸣。通过打开知识,教师启发学生还原、展开、再现隐含在知识背后作者语言运用的经验、体验以及隐含着的精神、道德、思想、品格和美好的情感,这使得学生不仅借助文章内容知识打开了作家利用语言表达情思的过程,也打开了作家独特的情感、精神经验,借助他人的语言运用和充沛情思也打开了学生个体的语言能力和精神境界,这使得知识教学有了人的意义。

(二) 内化语文知识

在语文知识打开的基础上,借由内化语文知识的过程,语文知识教学由外部活动转变为内部认知活动、情感活动、意志活动。从心理学来定义,内化是完整的"人"认知、情感、意志参与的结果。自认知看,学生已有知识经验与新知识相互作用,原有认知结构吸收新知识,自身改造、重组为新知识结构,并能在需要时"迅速提取",转化为"灵活地运用""解决新问题"[2]能力的过程。自情感意志

---

[1] 黄厚江. 把语文知识融进教学过程 [J]. 中学语文教学, 2018 (4): 12 – 15.
[2] 刘淼. 当代语文教育学 [M]. 北京: 高等教育出版社, 2005: 165 – 166.

看,知识的内化也需要"情绪""价值"的投入和"意志"的参与。经过内化,语文知识便由外在转变为内在,由公共转变为个人,由客观转变为主观。

实现语文知识内化,一方面离不开外部语文活动,如阅读与鉴赏、表达与交流、梳理与探究。在语文知识学习中,学生可以真正动眼去读,动口来说,动笔去写,动手去梳理;在具体语言实践活动中,学生通过眼耳鼻舌身等感官,体验感知语言运用,在自身大量语言实践和体验基础上,外部语文活动逐渐转为内部认知、情意活动,学生或总结语文知识,或重组知识结构,进而"重建学生言语经验"[1],形成语文能力。正如陶行知所言:"单单劳力,单单劳心都不算是真正之做。真正之做须是劳力上劳心。"[2]鉴于语文知识的内化与语文外部活动的关联,"素养取向的语文知识教学"应该强调语文外部活动对知识学习的重要地位,通过引导学生参与真实性的语言实践活动,解决真实性的语言阅读和表达问题,因为它们是将语文知识内部加工、整合、升华为能力的根本途径。比如,要让学生明白《琥珀》这一科普小品文的文学性特点,教师应该注重活动任务的创设,让学生在反复朗读中品味蜘蛛一波三折的心情,在反复对心情的揣摩中不断优化其朗读的品质,在此基础上体会科普小品文的文学性质。[3]另一方面,语文知识内化的内部活动,是学生的主动内化过程。主动内化不是语文知识的移植和注入,不是知识灌输和机械训练,而是学习主体在与承载知识的优秀文本、篇章样式、思想情感、人生体验的相互作用中主动建构知识,他们主动感受语言材料,丰富语言积累,思考语文规律,深化理性思考,选择、加工、改造后吸纳和获得语文知识。在知识的主动建构过程中,知识改变其原有的零散状态,转变为有序列、有组织的结构化知识。当然,语文知识的主动内化充满曲折险阻,它起于积累语言现象的好奇和语用中的问题,发

---

[1] 徐鹏.语文知识教学的三个转向[J].中学语文教学,2018(4):4-7.
[2] 陶行知.陶行知教育文选[M].杭州:浙江大学出版社,2014:132-133.
[3] 王玲湘.语文教育的大和小:为生长而教[M].上海:华东师范大学出版社,2018:183.

生于对语言现象及资料背后知识和规律的假设与猜测，发展于对知识和规律的证实和证伪，最后达成新旧知识的相互关联。知识内化的主体性，需要语文知识教学尊重学生的主体地位，尊重其原有的知识经验。知识内化的过程性和曲折性，需要我们教师循序渐进，注重学生知识内化的过程体验，引导学生用语料积累、现象发现、梳理归纳等方式建构语文知识，汲取丰富言语智慧。总之，内化语文知识，"化"是经过活动的主体建构实现"新旧知识的相互融通"[1]，"内"是往内走，由语料到活动，由活动到思维，由思维到意义，由意义到情感，由情感到价值，知识便由外在知识转变为内在素养。

（三）外化语文知识

语文知识经由内化成为内在素养后，便需要外化语文知识来真实反映和检验学生新旧知识的融合程度。教学阶段不同，语文知识的外化形式不同。在教学过程中，个体语文知识外化主要通过个体的回答、质疑、表达、交流、展示等方式发生，体现出每个学生在相同的语文知识学习中不同的自我感知、思维过程、方法习惯和性格特点，通过课堂即时的交流讨论，促进语文知识的打开和内化，在新旧知识联系中完成学生认知结构的组织和重新组织。因此这就需要重视评价主体的多元性，包括教师、学生、同伴、自我的评价。在教学结果的检验中，语文知识外化主要通过作业、考试、项目等方式来检验，在作业、考试、项目等新的语用情境中学生重新打开结构化的知识，在知识的运用中促进知识深刻内化。当前，扭转"知识取向的语文知识教学"，"加强高考命题技术层面改革"成其关键的"破解之道"[2]，这就需要构建"致用"的评价标准。语文课程是一门学习语言文字运用的综合性、实践性课程，学生在语言实践活动中把握语文知识的运用规律，亟须提高自身综合运用语文知识解决现实问题的

---

[1] 黄伟. 阅读教学中语文知识提取、激活与内化 [J]. 中学语文教学, 2018 (4)：8-12.
[2] 周序, 刘庆龙. 教师与应试教育：从冲突走向和解 [J]. 湖南师范大学教育科学学报, 2017 (5)：92-97.

能力。因此,外化语文知识不是单纯地对知识的记忆和重复,也不是对训练的再现,而是有目的、有步骤地引导学生综合运用知识创造性地解决复杂情境中的语言实践问题,通过学生个体的语言表现来推断其语文知识的掌握情况。语言实践活动包括阅读与鉴赏、表达与交流、梳理与探究,与之相应的学习情境涵盖学科认识、个人体验和社会生活。[1]例如,在非连续文本阅读中围绕"新能源汽车"节选了政策、城市推广、电池研发、电池回收、汽车生态圈、无锡充电桩安装等语料,六则语料构建了异质、复杂的文本情境。题目构建微信平台推广、答记者问、安装流程图、绘制新能源汽车产业生态系统图等真实开放的任务情境[2],并整合了阅读、表达、梳理等活动类型。任务创设的"整合性、情境化、开放性",一方面需要"学生对相关知识和技能进行创造性整合"[3]的学科关键能力,这些知识包括非连续文本等陈述性知识,也包括信息筛选、比较分析、介绍说明等阅读性知识;另一方面也需要正确价值观和必备品格。

总之,"素养取向的语文知识教学"将以知识作为内容和工具,经过打开知识、内化知识、外化知识,最终实现人的培养。这必将扭转传统语文知识教学中有语文知识无语用能力、有语文知识无语文精神、有语文知识而缺语言实践智慧的面貌,从生活和实践视角关注知识与能力、知识与品格、知识与智慧的关联、转化,也就能提升学生的语文核心素养。

[本文原载于《河北师范大学学报(教育科学版)》,2019 年第 3 期,人大复印资料全文转载,有删改。]

---

〔1〕 徐鹏. 基于学习任务群的高中语文教科书编制[J]. 中学语文教学,2017(3):4 – 8.
〔2〕 管贤强. 核心素养取向的非连续性文本阅读能力评价[J]. 中学语文教学,2017(11):8 – 10.
〔3〕 杨向东. 核心素养测评的十大要点[J]. 人民教育,2017(3):41 – 46.

审美鉴赏与创造：文学教育发展的新动向

管贤强

当前，随着语文课程改革的继续探索和不断深入，基于未来新人生存、生活、工作中对关键能力和品格的需要，语文学科专家进一步思考语文学科的本质特征、基本知识和基本技能及特有的思维方式，将语文核心素养凝练为"语言建构与运用、思维发展与提升、审美鉴赏与创造、文化传承与理解"[1]，试图将汉语言、思维、审美、文化进行有机整合进而构成母语的深度学习。随着"审美鉴赏与创造"素养的提出，基于素养而展开的文学教育无疑是我国文学教育史上具有深远影响的改革，它将美的鉴赏与美的创造表达相结合，这是对以往单向度感知、理解、鉴赏文学教育的超越。因此，我们有必要澄清"审美鉴赏与创造"素养提出的背景，介绍这一理念的施行模型，并在国内国际比较视野中领会其培养路径。

一、澄清背景：从侧重培养"鉴赏力"到呼唤学生"创造力"

"审美鉴赏""审美创造"并非新名词。2003 年，《普通高中语文课程标准（实验）》（简称"实验版课标"）便已渗透这一培养目标。从新课程实施的情况来看，文学教育在培养学生认知力、理解力的基础上越来越凸显鉴赏力的重要性。21 世纪以来为何如此凸显文

---

[1] 李华平. 语文：基于核心素养的教学[J]. 语文教学通讯，2016（14）：9.

学的阅读鉴赏力?一方面该课标面对20世纪工业社会工具理性泛滥、多媒体时代读图文化的流行,提出重视文学教育、审美教育,在促进学生语言能力同时"促进人的知情意全面发展"[1]。另一方面,与认知、理解将阅读活动降低为阅读主体对阅读对象纯粹的被动的镜像式反映不同,文学阅读鉴赏是阅读主体基于已有阅读经验对于阅读对象的一种主动解释和理解,读者可表达对文本乃至作家的感受,也可对文学文本进行尝试性的诠释、鉴别、评价,在这一过程中,将文学鉴赏与培养审美情感、汲取民族精神特质和情感的真善美相联系。[2]

然而,关注"审美鉴赏"与"审美创造"的关联性,并将"审美鉴赏与创造"重新纳入语文核心素养的话语体系,这从一个侧面体现出语文课程改革和文学教育发展的不断深化,其显著标志是要从既往注重认知、理解、鉴赏的文学教育转变为呼唤表现美、创造美的文学教育,从既往注重赏析美的接受力转变为重视创造美的表达力。"审美鉴赏与创造"这一素养的提出,从深化人们对文学表现和创造理解来看:文学创作不能停留在过去阅读主体对阅读对象主动的意义建构上,还需要进一步明确最终是为了在品味美感、体会韵味的基础上实现对美的表达,形成具有个性、创意、雅致、深度的母语表达力;从提醒人们需辩证处理注重接受力的鉴赏与强调表达力的创造之间的关系来看:以表达美为旨归的文学创作,需要能丰富其生活经验、反复砥砺其思维品质、发展其充沛情思的语言表达,而经验的积累、思维的砥砺、表达的发展都有赖于认知、理解基础上的鉴赏。唯有在文学阅读鉴赏中不断沉淀、咀嚼、品味,语言表达才可能从规范得体的表达力发展为个性审美的创造力。

在当前核心素养背景下,文学教育开启了从注重赏析美的接受力向重视创造美的表达力范式转型的大门。反观实验版课标的实施,无

---

[1] 中华人民共和国教育部.普通高中语文课程标准实验[M].北京:人民教育出版社,2003.
[2] 唐秀玲等.新世纪语文和文学教学的思考[C].香港:文星图书有限公司,2007:232.

论课程开发、课程实施还是考试评价，都可以看到对文学作品的感知赏析、文学知识和技法的关注，却难见以表达力为旨归的文学创造的身影。课程开发方面，"阅读与鉴赏"更多侧重对作品的感知和赏析，"表达与交流"却鲜有对读者文学表达力的关注。课程"阅读与鉴赏""表达与交流"的划分客观上割裂了鉴赏与表达的关联性，同时也将文学阅读仅仅停留在阅读接受力的范畴，而忽视了通过审美鉴赏实现从接受力到表达力的深度转换；课程实施方面，"表达与交流"忽视了对文学表达，更遑论对文学表达教学的思考；课程开发与课程实施的不足必然导致课程评价的薄弱，必修课程"表达与交流的评价"仍局限在论说文、实用文等文类上。从根本上说，实验版课标设计的缺陷，造成了文学教育中表达力的忽视，而表达力的忽视也限制着对文学美的深度理解。

实验版课标仅仅偏重审美鉴赏，使得高中语文课程从制定到实施中存在着诸多问题，这些问题可以凝练为以下几个方面：首先，从课程目标来看，当前的文学教育更注重审美接受力的培养，在超越审美接受力、提升美的表达力方面重视不够；其次，从课程实施来看，课程如何消弭"审美鉴赏"与"审美创造"的简单分离而构建其协同、和谐的"审美鉴赏与创造"关系，需要做出进一步探索；最后，从教学和评价来看，文学教育重在阅读鉴赏，而忽视文学表达的创造。正是这些不足，才更加具有了当前高中语文课标修订中"审美鉴赏与创造"并重的期待。

二、构想模型：基于"审美鉴赏与创造"文学教育的四层同心圆结构

基于对实验版课标的回顾和当下课程教学中现状的分析，我们试图构想"审美鉴赏与创造"的模型，重构文学教育发展的新方向。简单来说，以实现"审美鉴赏与创造"素养为目标的文学教育可以将之构建为四层同心圆模型。

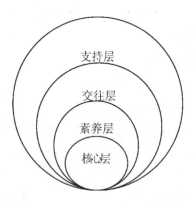

图 1 "审美鉴赏与创造"素养结构模型图

纵观图 1，我们不难发现，"审美鉴赏与创造"教育的四个层次分别是：核心层为人的培养，素养层为"审美鉴赏与创造"的关键能力和品格，交往层是文学审美交往实践活动，支持层为体制内外政策、技术性保障系统。

（一）"审美鉴赏与创造"教育的核心层关注文学教育对人的培养

关注人的培养就是要"与学生的发展融为一体"[1]。文学教育中，语言文字美的玩味、文学作品的鉴赏和创作等语文能力都离不开价值观的引领，也都需要为人的培养服务。文学教育培养什么样的人？首先，他们是有着良好语文能力的人，良好的语文能力体现在文学教育上便是能够对文学语言产生敏感、具有文学鉴赏能力、在阅读中发挥创造能力乃至能够进行文学创作；其次，他们是通过深度阅读鉴赏来砥砺自己思维的人，这里的思维应该是通过语言文学来提升其形象思维、逻辑思维、批判性思维，在这里除了形象思维等偏重感性审美之外，我们尤其要强调理性思辨的深度思维，比如，批判性思维就是期待教育不仅是"信"的教育还应该是"疑"的教育，要有理

---

[1] 余文森. 从三维目标走向核心素养［J］. 华东师范大学学报（教育科学版），2016（1）：11-13.

有据地质疑他人,还应自己质疑,反思自己的言语活动经验,最后付诸新的语言实践活动;再次,他们是拥有良好审美情感的人,良好的审美情感便是能够感受母语文字、文学作品的美,在感受的基础上能够探索和享受文字和文学的美,并能够创造自己内心的美好形象;最后,他们是能够热爱民族优秀文化的人,汉语文字和文学承载的是民族文化,通过阅读感受中华民族的特性。

(二)"审美鉴赏与创造"教育的素养层聚焦"鉴赏"与"创造"

关键能力和品格是"知识、技能和态度等方面的综合表现"[1],它不能依靠教师的讲解来习得,而要学生通过积极参与文学学习活动来实现。具体到文学学习活动中,教师应当引导学生享受文学阅读从而实现优秀的母语表达力的养成,这包括"体验和感悟""理解与鉴赏""表现与创新"三个步骤。"体验和感悟"指的是这一素养的获得不是依靠理解作品形象、记忆主题思想,而需要学生借助自己的生活、审美经验,积极投入文学作品的阅读中,或补充丰富,或加工改造;"理解和鉴赏"就是要放弃传统文学教育"字词句篇"自下而上的阅读方式,而注重学生获得整体的文学经验,这种整体文学经验的获得从学生的个体经验感受出发,运用联想和想象,感受并走进作品,再现文本的形象,在此基础上进一步走进作品的情境,感受作者的心绪表达、语言细微处的百般滋味、内里丰富的文学意味,最后学生文学文本中获得人生和社会新的认识;"表现与创新"是从学生既有自身生活经验和文学经验出发,通过理解和鉴赏文本,展开个性化诠释,并深化自身生活体验和文学经验,最后学生综合所领悟的经验,展开作品的创造,这些作品可包括个人叙事和回忆录、小说、想象性事件、诗歌、戏剧、散文等文类[2],也可包括一些实用文体。

―――――――
[1] 高嵩,李彦青. 基于核心素养的探究式教学[J]. 物理教学探讨,2015(8):1-3.
[2] K. K. Allan, M. C. McMackin, E. T. Dawes, et al. Learning to write with purpose: effective instruction in grades 4-8 [M]. Guilford Press, 2009:97-138.

学生需要借助各种思维来激活个人内心中人、事、物的感受，借助形象和语言来完成个人表达，与读者实现恰切的交流。

（三）"审美鉴赏与创造"教育的交往层注重审美交往实践活动

"审美鉴赏与创造"中人的培养、关键能力和品格的聚焦都是内隐的，要实现这一核心素养还须借助"文学阅读与鉴赏、文学交流与创作、梳理与探究等文学学习活动"[1]，才能得以显现及提升，因此同心圆的中层为审美交往活动层。就高中教育中的文学学习活动来说，它是有着明确意图、完整计划、严密系统的审美交往实践活动，它需要文学学习主体在教师指导下针对特定文学学习情境进行，围绕着能引起学生的学习兴趣、值得探究的任务来展开。因此，文学审美交往实践活动包括文学学习任务、文学学习主体、活动过程开展、活动成果分享等诸多要素。文学学习任务聚焦学生文学体验、社会生活经历、文学认知过程的提升，同时也要思考学生学习的起点和经过努力是否可以达成任务的相关要求。需要引起注意的是文学学习任务有单一任务和综合任务、良构任务和复杂任务之分，既往文学教育过程中常常关注单一任务、良构任务，如探讨林黛玉的人物形象，目的是完成文学人物赏析的要求等，而未来的文学教育要注重任务的综合性和复杂性，如《红楼梦》中女性人物的专题分析等；文学学习任务需要文学学习主体来完成，在学习过程中学生是建构的主体，在任务中遇到挑战和障碍时，教师要提供资源支持、工具辅助、观点借鉴、信息反馈等；在活动开展过程中，要注重梳理与探究，引导学生领悟文学文本阅读和创造的规律，在情境中自主构建知识，不断丰富文学学习方法，培养学生探究问题的能力，在探究过程中学生记录想法，提出问题的假设，借助工具收集信息，对信息进行深入加工，试图解决问题；经过任务布置、学习主体参与、活动的开展，最终便有了活动成果，活动成果可以研究报告、表演、网页制作、口头汇报等方式呈现和展示，并进行交流。

---

[1] 吴欣歆.探索发展语文核心素养的可操作性表达[J].中国教师，2016（9）：39–43.

(四)"审美鉴赏与创造"教育的支持层提供审美交往实践活动的任务保障

文学教育中审美交往实践活动的开展,也需要得到体制内外政策、技术性支持的保障,这涉及课程的设置、教科书的编撰、教学实施的探讨等多个方面。课程设置的转变、教科书编撰的改进、教学实施的调整必须明确:当前基于"审美鉴赏与创造"素养的文学教育,不应仅仅以文学鉴赏为导向,而应以培养接受力的文学鉴赏为起点,以练就表达力的文学创作为终点。以往文学教育是审美鉴赏的教育,从文学审美出发获得文学知识、语文技能,其中还渗透着道德人文的熏陶和性情的陶冶,不断阅读与鉴赏可加强学生文学审美感知,但也须注意学生是接受的主体,将鉴赏与学生的创造结合可以进一步深化审美感知,在鉴赏中获得的文学"心理印迹"可以随着心理活动迁移到学生文学创作中[1],创造还可以拓展学生对文学作品能涉及的主题内容进行更为深度的思考和探究。

三、培养路径:"鉴赏"与"创造"的整合

"审美鉴赏与创造"素养要求学生:在语文学习中,通过审美体验、评价等活动构建起审美意识、审美情趣与鉴赏品味,以及在此过程中逐步掌握表现美、创造美的方法。这一素养包含着有序发展的心智层级:感知—体验—鉴赏—评价—表现—创造……这基本覆盖了文学教育从低级到高级、由简单到繁复的发展过程,其最终目标在于表现美、创造美。所谓表现美与创造美,这里指的是学生能运用本国语言文字展现自己的审美体验,表达自己的情感、态度和观念,表现和创造自己心中的美好形象;讲究语言文字表达的效果及美感,具有创新意识。笔者认为,文学"审美鉴赏与创造"素养培养的路径包括:

---

[1] 陈勇. 语感图式无意识建构与加工的内隐机制分析[J]. 山东师范大学学报(人文社会科学版), 2005 (5): 115–118.

以创造促鉴赏、以鉴赏促创造、鉴赏创造共同促进学习。在此，研究者以《美国语文》第六部分"不满、觉醒与反抗（1914—1946）"第二课《在另一个国家》为研究对象[1]，该课入选了三位小说家的优秀作品，分别是欧内斯特·海明威的《在另一个国家》节选、舍伍德·安德森《种玉米》、尤多拉·威尔替《老路》，通过透视美国文学教育"审美鉴赏与创造"在教材编写层面的思考，为当下提供借鉴。

（一）以创造促鉴赏

以往的文学教育或注重文学鉴赏教学，以文本为中心，重视对文本美的理解和分析；或忽视读者的参与，变成对作者创作原意的探讨。当前的文学教育越来越注重读者的参与，在感知体验文学语言、形象、情感之美的基础上，应该能够鉴别、评价不同时代、不同风格的语言和文学作品。鉴别和评价便是与阅读主体已有的生活经验与阅读对象进行对话，对文学作品的内容和形式进行有个性的见解。从文学接受理论来看，读者的文学文本阅读本就是具有"建构性"[2]的，读者从自身对文学文本的"期待视野"出发，对文本的"空白点"进行补充，对文本进行个性化诠释，对文本的"召唤结构"进行对话回应，文学作品便由"文本Ⅰ"转变为"文本Ⅱ"[3]，而"文本Ⅱ"便是读者的主体建构，这一建构过程在读者的思维活动中是默会的，要想将其显现出来便需要依靠写作或交流。因此，以创造促鉴赏，目的便是鉴赏，创造是更深层次推进学生鉴赏力提升的方式。在对舍伍德·安德森小说《种玉米》展开教学时，教学前，教师须联系学生的个人经验，使其产生阅读期待，或是让学生口头讲述自己的旅行经验，并在未来的学习过程中将自己的旅行经验与文学文本中人物的旅行进行比较，或是进行书面的日志写作，记录自己旅行中产生

---

[1] 马浩岚. 美国语文 [M]. 北京：中国妇女出版社，2008：588-613.
[2] 龙协涛. 文学阅读学 [M]. 北京：北京大学出版社，2004：248.
[3] 金元浦. 接受反应文论 [M]. 济南：山东教育出版社，1998：163-170.

的可能想法;教学中,教师要关注学生对文本接受过程中创造性的新理解,或让学生有理有据地谈谈对故事中哪个人物产生共鸣,或让学生再次进行日志写作,讨论自己使用过或观察过的处理悲伤的方法;教学后,让学生以小说人物哈尔·威曼的身份在威尔的葬礼上进行讲话,赞赏威尔的家庭及其梦想,学生完成写作需要,并对文本中威尔进行更加深入的阅读。教学前后的"读者反应""日志写作"及其写作"葬礼上的讲话"充分地反映了学生对文本阅读的理解和深化,也帮助学生更加清晰、明确地诠释文本。

(二)以鉴赏促创造

以鉴赏促创造不同于以创造促鉴赏,这种文学教育的起点是鉴赏具有文学特点的文本,终点是进行创造,而文学创作是创造的重要形式。在这里我们着重分析文学创作。在教学活动中,学生进行审美创作需要得到内容(写什么)、形式(怎么写)、动机(为什么写)[1]等方面诸多支撑,这些需求可以在鉴赏文学文本过程中得到满足。就鉴赏为创作提供内容来看,文学文本可为创作提供无数写作乃至交流的素材,针对这些素材展开创造,形式可不拘泥于文学样式。文学文本《在另一个国家》沿袭着海明威作品中塑造的硬汉形象,刻画了战争中伤员在米兰的后方医院中接受治疗的生活,文本内容与医院有关,教学时在鉴赏基础上让学生展开创造,形式是杂志的特写文章,内容是"关于《在另一个国家》中的医院机器",并试图解释"为什么'一战'中医生对这种新的医疗技术抱有很大的希望"。就鉴赏为创作提供形式借鉴来看,文学创作确实需要创造,没有创造便只是陈词滥调,但是仅有创造而脱离写作也是无根之木,因此文学写作技巧的专项训练也需要包括在文学创作的训练中。比如三篇小说文本在"视点"方面颇为精到,《在另一个国家》的讲述是由主要人物的第一人称视点来完成的;《种玉米》同样是第一人称视点,不同的是进

---

[1] M. Gove, Jo Anne Vacca, R. T. Vacca, et al. Reading and Learning to Read [J]. 8th ed. Pearson, 2011:9.

行观察的是次要任务;《老路》的讲述者采用的是第三人称有限视角。在"微型写作课"部分便针对"个人叙述"这一技巧展开,写作内容是记述亲身经历的一件值得纪念的事情,目的是帮助读者理解这次经历对自身的意义。就鉴赏为创作提供动机的透视来看,文学创作并不是素材和技巧的堆砌,它更是通过书面文字进行思考、构建自己对世界理解的一种方式,是对自我的省察、敏感、突变,因此对三篇小说文本的鉴赏,不应仅仅停留在情节、人物、场景的感受,还需要由语言的表层走向理解的深层,将自己的体验融入作家的创作中,重新构建作家当时的"创作图像"[1],这种鉴赏便可以让学生的思维更为敏锐。

(三) 鉴赏创造共同促学

鉴赏注重阅读,创造偏重表达和写作,需使读者在创造性阅读中表达个人看法并最终实现创作,而阅读与鉴赏、表达与写作都应该是促进文学学习乃至解决学生难题的有效方式。《美国语文》的编者尤其注重"项目学习"(PBL)。项目学习是一种新型的"研究学习模式",因为它以真实世界中的任务为中心,调动多种资源,综合运用知识,由学生自主调查研究,最终以制作作品的形式来呈现其探究的成果,并尝试推销其产品。[2] 针对《在另一个国家》中涉及战争疗养的问题,教科书编者设置了两项项目学习,成果借以写作的方式来呈现,其一是撰写复原疗法报告,学生需要收集当前复原疗法的方法和信息,研究成果要以简短的并加入视觉效果的书面报告形式来呈现;其二是撰写军事报告,报告内容为与海明威故事相关的意大利阿迪梯部队在"一战"中的作用及其海明威部队的经历。不难看出,项目是基于现实生活的驱动性任务,学生要完成学习要求的项目(书面报告),就必须阅读与项目相关的跨学科的文献和材料,也需

---

[1] 郑佩芳,唐秀玲等. 高中文学教学理论与实践 [M]. 香港:文星图书有限公司, 2007:4.
[2] What is Project-based learning? [EB/OL] [2012-10-24] http://pblonline.org/About/whatisPBL.htm.

要把这些材料转变成自己的表述[1]，最终形成作品，并实现社会效益。在项目学习过程中，学生需要阅读鉴赏能力，简化阅读内容，发展推理能力，记住所学材料，提升写作能力。因此，有学者认为项目学习中的写作是促进学生学习的最有效的方式，"写作不可避免地让学习得以产生"[2]。在这过程中，学生也必须选择、阅读、辨识、融合各种资源和信息。

总之，以核心素养"审美鉴赏与创造"为导向的鉴赏创作教学是文学教育价值实现的重要途径。我们应关注这一核心素养提出的背景，同时厘清其内涵和结构，最后转变为自觉的文学教育，创设学生学习的真实情境，注重学生文学经验、文学知识、文学认识的建构过程，将文学鉴赏与文学创作相互联系，实现学生核心素养的提高。

（本文原载于《课程·教材·教法》，2018年第2期，有删改。）

---

[1] A. J. Herrington, J. A. Langer, A. N. Applebee. How Writing Shapes Thinking: A Study of Teaching and Learning [M] //NCTE Research Report No. 22. National Council of Teachers of English, 1987: 8.

[2] A. D. Van Nostrand. Writing and the Generation of Knowledge [J]. Social Education, 1979: 43.